AI以後

変貌するテクノロジーの危機と希望

丸山俊一 Maruyama Shunichi
＋NHK取材班［編著］

NHK出版新書
603

はじめに

AIをめぐる言葉が、日々メディアを賑わせている。

時代のテーマ、AI。時に職を奪うと騒がれ、時に産業界導入への大きな期待や経済再生への夢が語られる。そうした極端な敵対論や、逆に過剰な礼賛論や華々しい掛け声ばかりが耳目を集め、「ブーム」はやがて終息するかにも見える。

だが、そうした「ブーム」とは一線を画し、研究は着実に進み、様々な実用化は思わぬ分野で進んでいる。一過性の狂騒曲で一喜一憂することなく、いたずらな脅威論でも万能論でもなく、その本質を捉えようとする姿勢が、まさに今問われているのではないだろうか?

AI時代の「リアル」を気負うことなく、しかし着実にイメージし続けることが大事であり、そうした向き合い方を保ち続けられてこそ、真の意味で新たな技術に可能性を見出し、次代の社会の変化、そしてその中にあっての自らの生き方まで射程に入れて、構想することができるのだろう。静かに落ち着いて、人々の洞察に耳を傾けつつ、考えるべき時なのかもしれない。

本書は、「人間ってナンだ？ 超ＡＩ入門」の特別編として、「世界の知性が語るパラダイム転換」とうたったシリーズで放送された、異ジャンルの四人の知見をまとめたものだ。そもそもＡＩとは何なのか？ いかに進化するのか？

そこで生まれるＡＩの自律性とは？ 自律するＡＩと、僕らはどうつきあうべきか？その存在は社会を幸福にするのか？ そのためにはどうすべきか？

こうした問いに答えるのは、それぞれ様々なフィールドで、思考を繰り広げてきた知の巨人たちだ。ＡＩがもたらす人間への影響、社会の変化を知る最前線にいる4人がいかなる問題意識や可能性、ビジョンを抱いているのか、虚心坦懐に耳を傾けていただきたい。そして彼らが語るＡＩ登場以後のビジョンを通して、今、これから何が起きようとしているのか、人工知能の真のリスクと可能性を認識し、この変化の時代を生きるための思考のヒントを探し出してみよう。

宇宙物理学から一転、ＡＩ研究の世界に飛び込み、ここでも数学的思考で人間とＡＩ、その本質を明らかにしようというマックス・テグマーク。

インド放浪、起業など様々な経験を経た末に、ロボットが正義を決めかねない時代の倫理を深く考察する異色の倫理学者、ウェンデル・ウォラック。

半世紀以上にわたって、コンピュータと哲学の研究に没入する神経科学者であり、「心の哲学」の第一人者とされるダニエル・デネット。

そして、かつて一世を風靡《ふうび》した『ホール・アース・カタログ』の編集に関わり、シリコンバレー文化の先導者とも言われる異色の編集者／著述家ケヴィン・ケリー。まさに四者四様……。それぞれのジャンル、個性、経験から生まれる様々な言葉の細部から、ヒントを見つけ出せることと思う。

この四人に共通するのは、ＡＩという時代のテーマに「期せずして」遭遇していることだと言えるのかもしれない。もちろんそれぞれ、物理、倫理、哲学、そしてジャーナリスティックな編集の世界と、ひとまずのジャンルを異にしながらも、森羅万象あらゆるこの世の事象に知的好奇心を抱き続ける知性たちのこと、人工知能なる未知の存在の登場にも当然駆り立てられていることは想像に難くない。しかしそれ以上に同時に考えるべきは、そうした「周辺領域」からのアプローチこそ、今大事にしなければならないということだ。彼らは、自らの研究領域を徹底的に掘っていくうちに、自らＡＩというフィールドといつの間にか関わりを持つことになったのである。そのことの逆説も、味わい深く心に留めておいたほうがよいだろう。

実際、ＡＩ研究の世界は、あらゆるジャンル、分野からの参入によってこそ豊かになる。人間を探究し模倣することで成立するＡＩという新技術は総合の学であり、その複合、ある意味カオスの中から生まれる豊かさこそが、人間という種の複雑性へとつながるのだから。そして今こそ、そうした「周辺領域」から関係性を持つことになった知性たちの言葉にこそ、私たちは次代へとつながる思考法、「ＡＩ以後」を体感する発想法を学ぶことができるのだと思う。

ともすれば、ＡＩの出現ですべての問題が解消されるかのごとき「ＡＩ万能論」が席巻するかと思えば、人間の精神は絶対だ、そこには魂の存在がある、といった「ＡＩ敵対論」も聞く。こうした極端な二元論を越えて、フラットに現状を見つめ、今後の可能性を考えることからリアルな認識が生まれてくる。

手にしたスマートフォンにくぎ付けとなり、そこに自らの感覚器の外延化、「脳の拡張」とも言うべきイメージを重ねて生きる人々が日々増殖していく社会の中にあって、実は「AI以後」はそう遠い未来ではない。むしろ、既に始まっているとも言える。ドイツの哲学者マルクス・ガブリエルは、二〇一八年の来日時、私たちの取材カメラに向かって「シンギュラリティ（技術的特異点）は、ここ東京では三〇年前に既に起きていた」（『マルクス・ガブリエル　欲望の時代を哲学する』）という、皮肉めいた言葉を残した。

変化は、気がついたときには、既に遅い。

様々な予兆から、これからの時代を迎えるための思考法、発想法をみなさんと一緒に考えていきたい。

「AI以後」の可能性とリスク。

時代と社会と、フラットに向き合う思考の旅を始めよう。

ＡＩ以後——変貌するテクノロジーの危機と希望　目次

第１章　意識

ＡＩはどこまで信頼できるか

――マックス・テグマーク

Max Erik Tegmark

1967年生まれ。マサチューセッツ工科大学教授、物理学者。専門は宇宙論、万物の理論に関する研究。イーロン・マスクとともにAI安全研究に対する助成プログラムを設立。生命の発展段階をLife1.0〜3.0に分類し、現在はLife2.0だが、今後の発展で3.0が到来すると予測した著書『Life3.0』が話題に。宇宙物理学をベースに広範な知見で、AIが発展した数十年先の近未来から、人間の形が変化する1万年後の遠い未来までを論じている。その他の著書に『数学的な宇宙』などがある。

宇宙物理学のスター学者にして、ＡＩ研究でも最前線に立ち、ＭＩＴ（マサチューセッツ工科大学）で教鞭をとる、異色の研究者マックス・テグマーク。「世界は6つの方程式で表せる」とし、数学的な世界観ですべてを明らかにすることができると言う彼だが、宇宙物理学からＡＩ研究への大胆な「方向転換」は、アカデミズムの世界のみならず多くの人々に衝撃を与えた。物理からＡＩへ、宇宙から脳へ……。宇宙物理学で培った方法論で、脳の解析にも挑む天才科学者だ。アカデミズムの枠に留まらず、イーロン・マスクらと共にＡＩの安全性を研究する助成プログラムを立ちあげたりと、精力的に動いている。

著書『Life 3.0: Being Human in the Age of Artificial Intelligence』（人工知能時代に人間であるということ）では、人間のレベルをはるかに超える能力を持つＡＩの登場が、この世界にどんな影響を及ぼすかについて、きめ細かに考察している。専門家たちの予測も調査し、私たちの社会、生活をどう変えていくのかを様々な局面で探究するとともに、ＡＩの軍事利用がもたらす代償についても指摘し、さらに今後人類が直面することになるかもしれない危機まで論じている。こうして社会問題の具体的な解決にも大いに関心を示しながら、ＡＩのメカニズムの探究にも挑み続ける。

そして今、彼の関心の中心にあるのは「意識」の問題だ。人間という種が持つ独自のものとも考えられる「意識」。ＡＩ研究に転身した彼は、なぜ今「意識」に注目するのだろうか。そしてその先に、どんな未来を見ているのだろうか。

人間を超える知能の開発は可能か？

人間と機械、いわゆるＡＩの知能をどのように捉えたらよいのかという問いに対して、私は知能とは「目標を達成する能力」とシンプルに定義します。目標が複雑であればあるほど、知性が高くなる。包括的な定義にしているのは、生物的な知能と人工的な知能の両方を含めるためです。「肉体がなければ知性でない」というのは、炭素至上主義にも似た、浅はかな考え方ではないでしょうか。ＡＩ革命をもたらす真のブレークスルーは、それとは全く逆の考え方が基本にあります。すなわち「知能」として処理される情報が、脳やニューロンの炭素原子で処理されようが、テクノロジーのシリコン原子で処理されようが構わない、という考え方です。重要なのは情報処理であって、人間よりもはるかに賢いものを生み出すことが不可能などという物理法則はありません。

今日のＡＩは非常に限られたタスク——例えば計算や囲碁、車の運転などにおいて、人間よりはるかに高い能力を持っています。しかし、人間の子どものような幅広い能力は持っていません。人間の子どもなら時間をかければ、ほぼ何においても秀でることが可能です。

AI研究の究極の目標となっているのが、こうした広範な能力をもつ汎用人工知能、AGI（Artificial General Intelligence）です。学習能力があり、何でも人間より上手くできるAIです。それは「超知能」と言ってよいでしょう。

AGIが誕生したら、私たちの生活は一変するでしょう。「いつの世になっても機械より人間のほうが上手くできる仕事はなくならない」と言っている人々は、単純に「AGIは実現しない」と信じているに過ぎません。

宇宙物理学者にとって知能とは

私はもともと宇宙物理学の研究をしていましたが、今はMITの研究室でAIを研究しています。宇宙物理学からAIの研究に移ったのは、脳や機械という物理システムがなぜ知的なことをなし得るのかに魅了されているからです。

子どもの頃からずっと、科学の二大ミステリーは、「地球外の宇宙」と「頭の中の宇宙」

だと思ってきました。私のキャリアにおいて最初の二五年間は宇宙物理学を研究し、そこから方向転換をして現在はMITで脳のミステリーを研究しています。つまりキャリアを通して生物学的、人工的両方の知能の研究をしているというわけです。これはごく自然なことです。

私たち物理学の専門家はこの分野において貢献できると思います。ほとんどのAI研究者は、AIを実用的にすることばかりに関心がありますが、今必要なのは理解可能で信頼できる、明瞭な知性を持つAIです。そしてそのためには私は知能が何かということについて、まず皆がより深く理解することが必要だと考えています。

私の友人の多くはいまだに、人間と同等の能力を持つAIは、奇想天外なSFの話で現実にはありえないと切り捨てます。彼らは知能を生物にしか存在しないミステリアスなものだと思っているのです。しかし、物理学者の私にとって明らかなのは、知能とは情報処理に他ならないということです。重要なことなので繰り返しますが、情報が脳やニューロンで処理されるのか、テクノロジーのシリコン分子で処理されるのか、それ自体は問題ではありません。

私は、知能をより深く、基本的なものとして誰もが理解できる形に定着させ、AIの定理を証明することによって、本当に信頼できるＡＩシステムをつくることが可能だと思っています。知能をより深く定義し、ＡＩの定理を証明することが大事なのは、そうした理解が信頼へとつながるからです。

信頼できるということは、ＡＩの問題ではとても重要です。わかりやすい例を出しましょう。私のノートパソコンがクラッシュしても大した問題ではありません。イライラするだけです。しかし想定していたことをＡＩが行わなかったせいで自動運転車や自動操縦の飛行機が事故を起こしたら、イライラするどころの話ではありません。昨今では原子炉や電力系統をはじめ、人命に関わる判断をＡＩに任せることが増えています。ですから、私たちはＡＩへの要求水準を引き上げ、大体いつも賢いなどというレベルではなく、常にやるべきことをやる、信頼できる機械をつくらなければならないのです。

「理解可能」なＡＩの条件

ですが現在のＡＩのシステムは、中身の見えないブラックボックスになっています。初期のＡＩは論理に基づくわかりやすいものでした。しかし近年はニューラルネットワークで自己学習する仕組みによってＡＩが以前より革命的に賢くなり、私たちが完全には理解できないものになっているのです。

空想の話ですが、ロボット裁判官が、あなたに一〇年の禁固刑を言い渡したとしましょう。あなたがその理由を尋ねると、ロボット裁判官は「ワタシハ一五テラバイトノデータデ訓練サレマシタ。コレガワタシノ判決デス。ピピ！」と答える。どうですか？　きっとあなたは苛立ちを覚えるでしょう。

ここアメリカで実際に、大きなスキャンダルがありました。受刑者を釈放すべきか否かを助言するＡＩシステムがどのように作動しているのかを人々が理解しないまま、黒人と白人に対して、それぞれ異なるルールを用いていたことが後から判明したのです。既に航空機の墜落などの数々の事故が起きているのも、同様に人々がコンピューターの行っていることをきちんと理解していないことに起因しています。

私の未来のビジョンは、初期のＡＩと現在のＡＩを統合し、完全に理解可能なＡＩを作ることです。それはディープラーニングによるニューラルネットワークと同じくらい強力でありつつ、初期のＡＩと同じくらいに理解可能なＡＩです。これは明らかに実現可能です。

私たちが何かを学ぶとき、例えば脳のニューラルネットワークを使ってボールを投げたりキャッチしたりする方法を習得したとき、自分の動作を他者に言葉で説明することができます。つまり、ボールの動きを表す方程式なら導き出せますよね。

私の抱くビジョンは、機械を人間の科学者と同じ程度に賢くすることです。機械が自分のすることを言語化できれば、他者がそれを検証、確認できます。そうすればその機械を本当に信頼することができるでしょう。

人類にとってＡＩとの未来を素晴らしいものにすることができるだろうと、私はとても楽観視しています。それは私たちがどんどん強く優秀になるＡＩとの競争に勝ち、ＡＩを管理するための知恵を獲得できればの話ですが。その一環として、私たちが本当に理解し、信頼できるシステムを作るべきだと考えています。

「失敗から学ぶ」では済まないＡＩの安全性研究

では、完全に理解可能で信頼できるＡＩとは具体的にどういうものでしょうか。私はＡＩの安全工学についても研究していますが、安全工学の面から、このことを考えてみたいと思います。

ＡＩの安全性研究は非常に新しい分野で、近年急速に発展しています。研究の当初は誰もがＡＩをまずは機能させることを目指していましたが、その結果ＡＩが非常に経済的なものになったため、現在は法廷や病院、発電所、航空事業などでも使われるようになりました。だからこそ私たちは安全性の研究を並行して行い、ロボットが毎回確実に機能し、信頼できるようにしなければなりません。

企業は、多くの場合、ＡＩをより強力にする研究に投資します。その理由は手っ取り早く利益を上げられるからで、その点ＡＩの安全性研究は後回しになりがちです。そうした状況を踏まえて、安全性の研究は大学などでオープンに行い、その成果をすべての企業など皆で共有するほうがよいのではないでしょうか。これは最終的には企業にとってもありがたいことです。あなたの会社が自動運転の車を製造しているとして、起こりうる最悪のケースは競合相手の一社が作った不良品が子どもをひき殺すことかもしれません。そんなことが起きれば業界全体が反発に合うでしょう。今ＡＩの安全研究に大きな投資をしておけば、このような反発を回避し、ＡＩが力を増していく状況に対応することができます。

そんなことを言うと、「そんなことを言ってはいけない。それは機械化反対派の意見だ」と言われることもあります。ですが、私は不安を煽っているのではありません。月に初めて人類を送る前には、あらゆる失敗の可能性について極めて慎重に考え抜かれました。爆発する可能性のある燃料タンクに人を乗せて、誰も救いに行けない場所に送り出す前に。それは不安を煽る行為だったでしょうか？　それはミッションの成功を確実にするための安全工学です。それこそがＡＩを強力にしたいのならば採るべき戦略です。万が一に備える科学も、ますます強力になっているのですから。

かつてはこのような競争に勝つための戦略は、失敗から学ぶことでした。火を発明した私たち人類は、あらゆる失敗の末に消火器を発明しました。しかし核兵器や超人的なＡＩなどの強力なテクノロジーの場合、失敗から学ぶのは最悪の戦略です。二度目のチャンスはないかもしれないからです。

日本の皆さんは他国の人々よりも安全工学の必要性をよく理解していると思います。福島原発を設計した人々がもう少し時間をかけて「予備電源を地下に置くべきではないかもしれない。津波で水没する可能性がある」と考えていたら、現在の状況はもっとましだったでしょう。未来のテクノロジー、未来のＡＩの場合、失敗による影響は原子力よりもはるかに大きなものになります。

す。

安全で有益な知能は開発できるか――「アシロマAI原則」

わずか五年前には、AI研究者のほとんどはAIの危険性について話したがりませんでした。それはいたずらに不安を煽る行為であり、資金繰りに影響すると思っていたからです。

そこで私たちは「フューチャー・オブ・ライフ・インスティテュート（FLI）」という研究支援団体を立ち上げました。FLIはAIの安全性の研究を主流にすべく尽力しています。プエルトリコで開催した会議では、世界をリードするAI研究者が初めて一堂に会し、AIを強化する方法ではなく、有益にする方法について話し合いました。またイーロン・マスク氏の寄付により、七〇〇万ドルの資金を投じて、初の世界規模のAI安全性研究コンテストを開催することができました。また、それから二年後の会議では、AIが人類にとって本当に有益なものであるために問われるべき倫理的問題や安全性への対策を二三の原則としてまとめた「アシロマAI原則」を発表しました。これまでに一〇〇〇人を超える研究者がこの原則に署名しています（二〇一九年四月現在）。

今日では「AIの安全性について語ることは当然だ」という見方が主流になっています。原子力の安全性への投資なくして原子力発電の研究に投資することはありませんよね。ですから国は安全性研究への投資なしに、ＡＩ研究に投資すべきではありません。ＡＩ研究の一環として、安全性を研究すべきです。

アシロマＡＩ原則の一つに、ＡＩ研究のゴールそのものを、方向性を持たない純粋な知能を作ることから、有益な知能を作ることに再定義する必要があるというものがあります。それはちょうど、橋を作るエンジニアが、橋を作ること自体ではなく、絶対に落ちない橋を作ることを目指すようなものです。当たり前のことだと思われるかもしれませんが、これまでと見方が一変したのです。ＡＩの会議に行くと必ず安全性に関するブレイクアウトワークショップがあります。ですから未来のＡＩの安全性について私は以前よりずっと楽観視しています。

ただし、アシロマＡＩ原則では安全性研究に対して、より一層の投資が必要だとも述べられています。そうしなければ、私たちが創り出す新たな素晴らしいＡＩテクノロジーが、不具合を起こして人々を傷つけたり、ハッキングされて人々に歯向かったりする可能性があるからです。

そしてもう一つ、自律型致死兵器システム（ＬＡＷＳ：Lethal Autonomous Weapons Systems）による軍拡競争は避けるべきだということも盛り込まれています。今日、ほとんどのＡＩ

10) 価値観の調和：高度な自律的人工知能システムは、その目的と振る舞いが確実に人間の価値観と調和するよう設計されるべきである。

11) 人間の価値観：人工知能システムは、人間の尊厳、権利、自由、そして文化的多様性に適合するように設計され、運用されるべきである。

12) 個人のプライバシー：人々は、人工知能システムが個人のデータ分析し利用して生み出したデータに対し、自らアクセスし、管理し、制御する権利を持つべきである。

13) 自由とプライバシー：個人のデータに対する人工知能の適用を通じて、個人が本来持つまたは持つはずの自由を不合理に侵害してはならない。

14) 利益の共有：人工知能技術は、できる限り多くの人々に利益をもたらし、また力を与えるべきである。

15) 繁栄の共有：人工知能によって作り出される経済的繁栄は、広く共有され、人類すべての利益となるべきである。

16) 人間による制御：人間が実現しようとする目的の達成を人工知能システムに任せようとする場合、その方法と、それ以前に判断を委ねるか否かについての判断を人間が行うべきである。

17) 非破壊：高度な人工知能システムがもたらす制御の力は、既存の健全な社会の基盤となっている社会的および市民的プロセスを尊重した形での改善に資するべきであり、既存のプロセスを覆すものであってはならない。

18) 人工知能軍拡競争：自律型致死兵器の軍拡競争は避けるべきである。

長期的な課題

19) 能力に対する警戒：コンセンサスが存在しない以上、将来の人工知能が持ちうる能力の上限について強い仮定をおくことは避けるべきである。

20) 重要性：高度な人工知能は、地球上の生命の歴史に重大な変化をもたらす可能性があるため、相応の配慮や資源によって計画され、管理されるべきである。

21) リスク：人工知能システムによって人類を壊滅、もしくは絶滅させうるリスクに対しては、それぞれの影響の程度に応じたリスク緩和の努力を計画的に行う必要がある。

22) 再帰的に自己改善する人工知能：再帰的に自己改善、もしくは自己複製を行える人工知能システムは、進歩や増殖が急進しうるため、安全管理を厳格化すべきである。

23) 公益：広く共有される倫理的理想のため、および特定の組織ではなく全人類の利益のために超知能は開発されるべきである。

（future of Life INSTITUTE：https://futureoflife.org/ai-principles-japanese/ をもとに作成）

アシロマAI 23原則

研究課題

1) 研究目標：研究の目標となる人工知能は、無秩序な知能ではなく、有益な知能とすべきである。

2) 研究資金：コンピュータサイエンスだけでなく、経済、法律、倫理、および社会学における困難な問題を孕む有益な人工知能研究にも投資すべきである。そこにおける課題として、以下のようなものがある。

- 将来の人工知能システムに高度なロバスト性をもたせることで、不具合を起こしたりハッキングされたりせずに、私たちの望むことを行えるようにする方法。
- 人的資源および人々の目的を維持しながら、様々な自動化によって私たちをより繁栄させるための方法。
- 人工知能に関わるリスクを公平に管理する法制度を、その技術進展に遅れることなく効果的に更新する方法。
- 人工知能自身が持つべき価値観や、人工知能が占めるべき法的および倫理的な地位についての研究。

3) 科学と政策の連携：人工知能研究者と政策立案者の間では、建設的かつ健全な交流がなされるべきである。

4) 研究文化：人工知能の研究者と開発者の間では、協力、信頼、透明性の文化を育むべきである。

5) 競争の回避：安全基準が軽視されないように、人工知能システムを開発するチーム同士は積極的に協力するべきである。

倫理と価値

6) 安全性：人工知能システムは、運用寿命を通じて安全かつロバストであるべきで、適用可能かつ現実的な範囲で検証されるべきである。

7) 障害の透明性：人工知能システムが何らかの被害を生じさせた場合に、その理由を確認できるべきである。

8) 司法の透明性：司法の場においては、意思決定における自律システムのいかなる関与についても、権限を持つ人間によって監査を可能としうる十分な説明を提供すべきである。

9) 責任：高度な人工知能システムの設計者および構築者は、その利用、悪用、結果がもたらす道徳的影響に責任を負いかつ、そうした影響の形成に関わるステークホルダーである。

研究は民間の良い目的のために行われていますが、一方で恐ろしい軍拡競争の幕開けという危機に瀕していることも忘れてはなりません。ＡＩを使って匿名で自律的に人を殺すドローンなどの殺人ロボットを製造する競争です。もしそれが現実になれば、核兵器よりもはるかにコストのかからないその大量破壊兵器は、テロリストや一部の国家にとっては夢の兵器になるでしょう。そして私たちは核軍拡競争が古き良き時代のことだったと懐かしく思うことでしょう。

生物学の研究の圧倒的に多くが生物兵器の開発ではなく、病気の治療や新薬の開発に使われているように、世界中のＡＩ研究者はおしなべてＡＩの濫用を国際的に禁止し、良い民間利用の分野に集中したいと思っています。日本がこの動きをサポートしてくれることを願っています。自律型致死兵器の禁止を目指す国々の連合も拡大していますし、日本にも積極的な参加を期待しています。

それだけでありません。もう一つの原則は、ＡＩによって得られる、増え続ける富を共有し、一部の人だけでなく皆がより豊かになれるようにすることです。アメリカなどの国は日本を見習って、所得格差が極力小さく、皆がより豊かになれる社会をつくって欲しいと思います。現在、多くの西側諸国ではそのような社会になっていません。

意識とはどのような「情報処理」か

安全工学の話はここまでにしましょう。もう少し、これからのＡＩを超えるＡＧＩを考えるうえで根源的な問いである「意識とは何か」ということを考えてみたいと思います。

前世紀、科学は世界を理解することから、人間を理解することへと方向転換し、さらには私たち自身の体のシステムを理解するようになりました。現在は最後のフロンティアである、人間の知能と意識を理解することに集中しています。

ガリレオ・ガリレイが一個のヘーゼルナッツと一粒のぶどうを投げたとしましょう。彼はその動きを正確に計算することはできても、一方は茶色で一方は緑色、一方は硬く一方は軟らかいのはなぜなのか全くわかりませんでした。当時それは科学を超えた謎でした。現在はそうしたすべてを計算する方程式があります。今では、私たちは世界のほとんどの現象を理解しているのです。知能と意識という、二つの謎を除いて。

私の友人の多くは、その二つは有機生命体にのみ存在するミステリアスなものであり、今後もずっと科学を超えるものであり続けると考えています。しかし私は知能も意識も、単に情報処理の一種だと考えています。

知能については、私たちはどのような情報処理が必要であるのか急速に理解を深めているところです。だからＡＩが作られ始めているわけです。一方で、意識はいまだに科学的な謎であり続けています。

意識とは何かを考えてみましょう。難しく考える必要はありません。意識とは単に「主観的体験」と定義できます。私たちは車を運転するときに、前方の景色の色や周りの音、車の振動、そのときにふと生じた感情など、さまざまな体験をしますよね。一方、自動運転の車は何かを体験するでしょうか。もし何か主観的に感じられるものがあるなら、それは意識を持っているということになるでしょう。

先ほど私は意識を情報処理の一種だと述べました。現在では、ｆＭＲＩ（機能的核磁気共鳴画像法）などの新しいテクノロジーによって、人間の感情や行動といった意識と脳の活動の関係を詳細に調べることができるようになりました。意識は今や脳科学の研究領域なのです。その中でも、何が意識をともなう情報処理かを予測するための最も興味深い理論があります。ジュリオ・トノーニ教授の「統合情報理論」です。これは意識についての現段階で最先端の理論で、色を感じたり、音を聞いたり、ある感情を抱いたりする主観的な体験が、どう情報として処理されているかという研究です。こうした理論を検証し、何が正しいかを突き止める必要があります。そうすれば意識について深く理解できるようになるでしょう。それによって初めて、人工意識（人工的に設計された意識）についても考えることができます。

これは科学の域を超える問題とは思いません。これまで私たち科学者がきちんと取り組んでこなかっただけです。私の研究室では実際に意識に関するさまざまな理論を検証する実験を行っています。近いうちに何が意識をともなう情報処理かを判断できるようにしたいと思っています。方程式すら導き出せるかもしれません。それはＡＩが意識を持つのに何が必要かを教えてくれるでしょう。

意識を持つＡＩと持たないＡＩを作り分けるべき

また、意識を考えるうえで道徳の問題があります。意識は道徳の基礎となるものです。意識がなければ道徳もありません。拷問がなぜ悪いことか、単に話すだけでは説明できませんよね。これは論理立てて説明するようなものではなく、意識的に非常にネガティブな体験だから悪いのです。意識について考えないのは、道徳について考えないのと同じです。道徳を大事にするなら、人工意識についてこそ研究しなければなりません。

では人工意識にどんな道徳を組み込むべきか。「ＡＩがどんな道徳観や目標を持つようになるか心配する必要はない。私たちよりも賢いＡＩを作ってＡＩに決めさせればいい」という考えを持つ人もいます。しかしながら覚えておかなければならないのは、知能＝道徳ではない、ということです。知能は目標を達成するためのツールであって、知能そのものは善でも悪でもありません。アドルフ・ヒトラーの知能を飛躍的に高めて、皆のために道徳を決めてくれと言えばどうなるでしょう？　果たしてそれは良い結果をもたらすでしょうか？

ＡＩについても同じ間違いを犯してはいけません。ＡＩがいくら賢いからといって、道徳を決めさせるのは間違いです。ＡＩがどのような目標を持ち、どのように使われるかを設計するのは私たち自身です。それはちょうど、親が子供に対して「この子はとても賢くなるから、一人で勝手に善悪がわかるだろう」とは言わないのと同じです。まずは子供に善悪を教え、良い道徳観を持たせるように育てます。将来自らの知能を世界にとって悪いことではなく良いことに使うように。私はＡＩにも同じことをすべきだと思います。

再び人工意識の話に戻りますが、意識を理解すれば、ロボットを作る際に選択肢が生まれます。私のビジョンは、意識を持つものとそうでないものとを判別する方程式ができたら、意識を持つ機械と持たない機械を作り分けることです。退屈な仕事や危険な仕事をするロボットには意識を持たせず、所有者と何らかの感情的な関係を築くロボットには意識を持たせるようにするのです。例えばウラン鉱山で一生を送る採掘ロボットに意識を持たせなければ、罪悪感を抱かずに済みます。一方で持ち主と会話し個人的な関係を築く介護ロボットの場合は、意識を持っていたほうがよいでしょう。あるいは飛躍した例ですが、私が長生きするために、自分をロボットとしてアップロードすることがあれば、そのロボットが私のようにふるまう単なるゾンビではなく、ちゃんと意識を持っていてほしい。そうでなければ、主観的に私は死んでいるからです。

意識がなくても知的であることは可能です。また、さほど知的でなくても意識を持つことは可能です。例えば、ここの地下にはネズミがいますが、ネズミには意識があると思います。痛みを感じることができますが、知能は高くありません。

脳はとても知的なことをたくさん、無意識にやっていますよね。例えば、あなたに一枚の写真を見せて、あなたが「ああ、ドナルド・トランプの写真ですね」と答える。あなたの脳は、すべての色やピクセルを取り込んでそれが誰の写真か突き止めるためにとても複雑な計算をしたことになりますが、どうやったかは全くわからない。

あなたの脳は、紡錘状回顔領域（顔に特化した脳の領域）から「解析完了。ドナルド・トランプだ」という情報を受け取ったのです。このように、人間はとても知的な情報処理を無意識に行っているのです。

いずれにせよ、知的なロボットを作るときには適宜、意識を持たせるかどうか選択することができるようになるでしょう。

人生の意味や目的はどのように得られるのか

私の同僚の多くは、ＡＩの意識を問うこと、人工意識について考えることはナンセンスだと言います。しかし私はロボットの意識、人工意識の問題を論じることはとても重要なことだと考えています。なぜなら物理の法則には、意味や目的に関するものは何もないからです。

人生の意味や目的は主観的で、体験によってのみ得られるものです。先ほど述べた通り、私は主観的体験を意識と定義しています。もし何も体験しなければ、喜びや幸せといった人生の意味を感じることもできません。あるいは仮定の話ですが、もし私たちの宇宙に存在しているのが意識を持たないロボットのみだったら、そこに意味はありません。その宇宙は無意味です。何らかのメカニズムが働いているだけの単なる空間の無駄でしょう。私が回避したい究極のロボット黙示録です。もし仮に未来がロボットだらけになるのなら、そこには多くの主観的体験、ポジティブな体験が宇宙に広がることを願います。私たちの宇宙が今よりもいっそう覚醒し、意識的になるように。

もうひとつ付け加えるならば、私たち人類は長年、自分たちは特別な存在だと思い上がってきました。動物には意識がないから何をしても構わないなどと考えて、ひどいことをしてきました。

私たちは、機械に対して同じ過ちを犯さないようにしなければなりません。本当に知的で意識を持った複雑な心を持つ機械を作るなら、その機械が苦しむように設計するのは、人間を苦しませるのと同様に非道徳的なことだからです。私たち人間が、理不尽に苦しまず、本当の喜びを感じられる機械をたくさん作ることができ、その機械が宇宙に広がっていくことができたなら、それは素晴らしいことだと思います。

AIの「心」の設計には自由度がある

注意しなければならないのは、ＡＩが自律性を持つことと、ＡＩが意識を持つということに、実は関係性はないということです。現在のテクノロジーの範囲内でほぼ製造可能な、知能は低いけれども殺す相手を自律的に選べる自律型致死兵器システムの問題と、数十年先に誕生するであろう、人間のすべての能力を超えるＡＧＩとは別々に考えるべきです。

一方で、意識を持つＡＩが超知能かというと、必ずしもそうではありません。意識も知能も情報処理の一種ですが、根本的に異なるものです。意識がなくても知的であることは可能です。また、知的でなくても意識を持つことは可能です。例えば、ネズミには意識があります。ネズミは人間と比べると決して知能が高いわけではありませんが、ネズミも主観的体験をしていて、痛みや喜びを感じています。

では、未来のＡＩやロボット、超知能の性能とはいかなるものか。未来のＡＩとロボットにも、計算のロジカルフローに沿った時間の感覚はあると思います。でも私たちの計算よりはるかに速いので、人間の動きはスローモーションのように感じられるでしょう。人間と会話するときは何百万倍も遅く聞こえるでしょうから、それだけで退屈してしまうかもしれません。私がカタツムリと会話したらそんな感じになるかもしれませんね。

生物学でも同じ現象を見ることができます。あなたがハエを叩き殺そうとしても、ハエのほうが先に飛んでいってしまいます。体が小さいため、脳の動きがとても速いのです。ハエにとってあなたの手はとてもゆっくり近づいてくるので、「よし、もうちょっとここにいよう」「西に飛ぶか、やっぱり北西か」と考えて、余裕で逃げていきます。

私たちが探究できるＡＩの心は生物学的な心よりもずっと広いのです。ＡＩは人間よりずっと速く動き、何においても賢くなるだけでなく、人間とは全く異なる感覚の入力によって、私たちの目や耳からでは得ることのできないデータを得られます。ＡＩには人間の感情を模倣した感情を持たせることも、全く感情がないようにすることも、完全に異なるタイプの感情を持たせることもできます。つまり、ＡＩの心をどのように設計するかには大きな自由度があるわけです。これが、私がＡＩにどんな可能性があるかを理解することが重要だと考える理由です。

繰り返しになりますが、ＡＩの「心」に目標を持たせるなら、人類を傷つけたり、所有者であるテロリストを手助けしたりするようなものではなく、人類の利益となる目標を持つように設計しなければなりません。ＡＩが意識的な体験をするならば、苦痛を伴ったり人に危害を加えたりするようなネガティブなものではなく、中立かポジティブな体験をして欲しいと思います。

意識の研究がついに科学的に検証可能なものになる?

いかなる分野においても人間の能力を上回るＡＧＩが実現すれば、ＡＧＩを使ってＡＩ開発を進めることができるようになるでしょう。そうしたらすぐに、現在よりずっと優れたＡＩを作れます。そして超知能によって我々は、科学を全く新しいレベルに引き上げることができます。

例えば物理学などの最も難しい問題が解けたり、開発に何万年もかかると思われていたレベルのテクノロジーを、私たちが生きている間に実現できたりするかもしれません。他の銀河に進出したいと思ったときの最短の道は、まず超知能を作って、超知能にその方法を見つけさせることかもしれません。もし自分をアップロードして不死でありたければ、私たちの脳の働きを研究するよりも、まずＡＩを作ってＡＩに研究を手助けしてもらうほうが早いかもしれません。

私が研究してきた宇宙とＡＩには別の関連性もあります。もし私たちがいつか宇宙で地球外生命体に出合ったとしたら、それは生物学的な生命体ではなく、ポスト生物学的な、

ＡＩの生命体かもしれません。文明が生物学的に主要な工学を行えるレベルにある時間は、宇宙の寿命に比べればほんの一瞬です。地球が誕生し、ここに至るまで一三八億年もの時間がかかりましたが、インターネットが登場したのはほんの数十年前です。そして今後数十年で人間の知性をはるかに超えるＡＩが実現するでしょう。

ですから、仮に地球外文明のサインを見いだすとしても、動物の知能のレベルからＡＩベースの思考にまであっという間になってしまうのですから、そうした段階にある生命体に出合うのは不可能に近いでしょう。生命体のサインを探すなら、ＥＴではなくＡＩのサインを探すべきです。

ともかくも、今後一〇年は意識研究にとってとても刺激的なものになるでしょう。意識の研究がついに、突拍子もない哲学から科学的に検証可能なものになったのです。

そして意識の研究にはデッドラインがあります。なぜなら、人間と同等のＡＩが実現されるのはそんなに先のことではないからです。それまでに高度に知的な機械を道徳的なエージェントにし、彼らが苦しまずに済むようにするべきか、それともただの機械として好きにスイッチオフしても構わないかという問いにも答えなければなりません。

私は多くの人の心をハッキングするのは簡単だと思います。人間のようにふるまう可愛いヒト型ロボットを見たら、ほとんどの人はそのロボットに意識があると思うでしょう。それが本当は見せかけだけのテープレコーダーだったとしても。でも本当に重要なのは、ロボットを意識があるかのように思わせられるかという問題ではなく、そのロボットに主観的体験があるかどうかを示す科学的理論を構築できるかどうかです。

超知能が実現した未来の人間の役割

ほとんどのＡＩ研究者は、ＡＧＩを今後数十年で実現できると思っています。「ではその後はどうなるのか」という疑問が自然に湧いてきます。私たちは何のために生きるのでしょうか。機械のほうが人間よりも何でも上手に安くできるのなら、人間であることの意味は何なのでしょう?

私たちは選択を迫られています。一つの選択肢は、状況に満足し、「すべての人間を時代遅れにする機械をつくろう。結果なんて気にしない。問題なんて起きないだろう」というものです。もう一つの選択肢は、もっと野心的になり、本当に心がときめくようなハイテクな未来を思い描き、その未来を実現する方法を見つけ出すことです。私はこちらを目指しています。

私たちが「ＡＩによって人間はどうなるのだろうか」と問うのは間違いです。それはまるで未来の訪れをただ待っているだけの、受け身で無関心な傍観者です。未来は私たちがつくるものです。「どうなるのか」ではなく「どうなりたいのか」を問いましょう。そしてそれを実現する方法を見つけ出すのです。

私のオフィスには時々学生がキャリアの相談に来ます。私は彼らに必ず、将来どうなりたいかを尋ねます。その答えが「ガンになるかもしれない」「殺されるかも」「電車にひかれるかもしれない」といったようなことばかりだったらどうでしょう？　キャリア計画づくりの方法としては最悪ですよね。学生には熱意を持って「これが私の目指していることです」ときっぱり言って欲しい。

でも私たち人類は、私が今挙げた架空の学生のような馬鹿げたことをしているのです。映画で描かれる未来――『ブレードランナー』や『ターミネーター』などの映画で描かれる未来はディストピアばかりで、皆恐怖に身をすくめてしまっています。私たちはポジティブな未来を思い描かなければなりません。希望ある未来について、友人と語りあい、その未来に向かっていけるようにするのです。

このことはＡＩ研究の科学者だけに任せておけることではありません。誰もがこの会話に参加することが必要です。そしてこのコミュニケーションはこの時代で最も重要なことです。どんな未来にしたいかを語れば語るほど、その未来が実現する可能性が高まります。私たちはＡＩが未来を示してくれるのを待っているべきではありません。私たち自身がＡＩにどんな未来にするかを伝え、その未来をもたらすＡＩを作り出さなければならないのです。

私たちが望めば、地球上だけでなく宇宙で繁栄することもできるでしょう。これは人類にとって最も重大な選択になるでしょう。私たちはＡＩとの未来をどんなものにしたいのでしょうか？　そして、その未来を築くためにどのように協力し合っていきたいのでしょうか？

ＡＩ以後に生まれる経済モデル

現代に話を戻しましょう。産業革命後の社会は資本主義社会ですが、ＡＩを含めたテクノロジーによって私たちの生活はほとんどの面で既に変わっていますね。私たちは今大きな長方形の箱の中で、地下深くから掘り出された石炭を使い、遠くで発電した電気による明かりの下に座っています。また、世界中から集められた原子でできた服に覆われています。そしてＡＩはもちろん、私たちの生活をもっと劇的に変えていきます。

産業革命では基本的に、肉体労働者の仕事が人間より頑丈で仕事を手際よくこなせる機械に置き換えられました。ＡＩ革命では、頭脳労働者の仕事が人間より賢い機械に置き換わることになるでしょう。これは大惨事になると考える人もいます。人々は時給一セント以上の仕事に就けなくなるというのです。

ですが、私は楽観的です。人が幸せになるために必ずしも仕事が必要だとは思いません。一方で仕事が私たちにもたらす三つのもの——収入・目的・友達は必要です。そこでまず、ＡＩによって生み出される富のすべてを確実に人類が共有し、誰もがより豊かになるようにする方法を考えなければなりません。

二つ目の「目的」は実にトリッキーです。ですが不可能ではありません。ほとんどの子どもは仕事をしていませんが、目的に満ちた生活を送っていますよね。ですから、仕事で必要とされなくても目的を持つことができる社会づくりを真剣に考えるべきです。

最後に「友達」です。ＡＩが運んでくる食事をとりながら一人でゲームするだけの一生を送るのではなく、これからも他者と有意義な社会的関係を持ち続ける方法を見つけ出し、人間性を失わずに済む社会を築かなければなりません。これは、心理学者や政治学者など、人間の幸せについて考える立場の人にとっても重要な問題です。

収入、目的、友達。この三つを維持することができれば、ＡＩとの未来は素晴らしいものになるでしょう。

仕事についてもう少し付け加えておきます。アメリカで最初に所得格差が生まれたとき、人々はまず日本、次に中国のせいだとまことしやかに語りました。でも今では、ほとんどの経済学者はそれをテクノロジーのせいだと言っています。かつてないほど多くの仕事を機械が代行するようになれば、企業の収益はかつてないほど労働者の給料ではなく、資本所有者に回るようになるからです。

例えばフェイスブックはフォードの一二倍の株式価値がありますが、従業員はフォードの八分の一しかいません。ですから、政府が積極的に十分な税金を徴収して人々に再分配しなければ、ＡＩは自動的に所得格差を広げることになります。

ＡＩによって経済を劇的に拡大することができても、皆がより豊かになるように分配する方法を見つけ出せなければ、恥ずべきことです。それは極めて実行可能なことのはずなのです。豊かな人はより豊かになり、貧しい人も豊かになるために十分な富が生まれる。積極的な政策さえあればできることです。

AIがゼロサムゲームや格差社会を解消する？

これまでＡＩ研究のほとんどは、利潤追求を基本目標とする企業が主導してきました。しかしながら私は、最終的には私たちがＡＩをどうするかという問題は国が主導すべきです。国家は利益を求めるのではなく、国民にとって明るい未来をつくることを目指して欲しいと思います。

すでにフェイスブックやグーグルなどの企業が、利益のほうを重視しているために多くの問題が発生しています。私はＡＩが選挙で大きな争点となり、政治家がＡＩの知識を深めて議論することが重要だと考えていますが、その理由はまさにその点にあります。前回のアメリカ大統領選では、クリントンとトランプの討論の中でＡＩの問題には一度たりとも触れられませんでした。雇用の話をしているときでさえもです。日本はまだましだといいのですが。

第二次世界大戦後、現在豊かな国の多くは、新しいテクノロジーとそれによってもたらされた富を、国民全員の無償教育や大学、公的医療制度など、皆が豊かになれるようなシステムの構築に使いました。今、私たちはＡＩによって「福祉３・０」を作り、皆がずっと豊かになれる社会を実現する新たなチャンスを得たのです。一部の企業が富を独り占めする一方で、ほとんどの人が貧しくなるまま放置するのでは、せっかくのチャンスが全く無駄になってしまいます。

世界の多くの紛争は、人々がゼロサムゲームという古い考え方に囚われているせいで起きています。ある国が豊かになるには他の国を貧しくするしかないという考え方によるものでしょう。でも、ＡＩテクノロジーは全員を同時に、劇的に豊かにすることができます。人々が協力し合う平和な世界を築くことさえできれば。それが私の目指す未来です。

ニュースでは各国の政治家が仲違いし、争う様子をよく見ます。しかし同時に、世界中のビジネスリーダーや科学者たちがＡＩに関して、とても仲良く協力体制を築いています。例えば産業界には、理想を持ったビジネスリーダーが集まってＡＩを最も有益にする方法を考えるパートナーシップがあります。同様に、世界の研究者も会議に集まり、より良い未来を築くための素晴らしいビジョンを話し合っています。こうしたビジネスリーダーや研究者が、仲良くするよう政治家を説得し、世界中にとってより良い未来を築いていくようになることを願っています。

超知能に目標を理解させるには

忘れてはならないのは、ＡＩに不安を抱く人々にとっても、ＡＩは多大な恩恵をもたらすということです。先日、不治の病を宣告された友人のお見舞いに病院へ行きました。しかし「不治」とはどういう意味でしょうか。私が考えるに、それは単に私たち人類がまだ治療法を見つけていないということです。治せないわけがありません。ＡＩを使えば医療研究を劇的に進めることができ、大半の病気をずっと早く治すことが可能になります。

私たちはまた、ＡＩを使って巨大な富を創出し、世界中の人々を貧困から救い出すこともできます。温暖化対策に役立てることも、資源不足の解消によって戦争をなくすことも可能です。上手くやりさえすれば。

私は、人間の良さを最大限に引き出し、人間の知性を増幅して誰もが本当にワクワクするような未来の創出を手助けするＡＩが作られるようにしたいと思っています。

一方で、超知能の主なリスクは、馬鹿げた映画のようにその知能が人間にとって邪悪なものになることではなく、優秀になったＡＩが人類とは違う目標を達成することです。例えば人類が西アフリカに生息していたクロサイを絶滅に追いやったのは、私たちがクロサイ嫌いの邪悪な種族だからではありません。クロサイには不運なことでしたが、私たちがクロサイよりも頭が良く、クロサイとは違う目標を持っていたからです。

ＡＧＩを作るのならまず、ＡＧＩが人間の目標を理解し、それを受け入れ、どんなに賢くなってもその目標を持ち続けるようにするにはどうすればよいか考え出さなければなりません。その三つは非常に難しい技術的課題なので、時間切れになる前に多くの最も優秀な人々に答えを導き出してもらわなくてはならないと思います。

第2章　倫理　ＡＩに正義は決められるか

――ウェンデル・ウォラック

Wendell Wallach

1946年生まれ。倫理学者。イェール大学生命倫理学学際センター主宰「テクノロジーと倫理」部会長。ヘイスティングス・センター顧問。AIは道徳的になれるのかという問いに、倫理的なテクノロジーの必要性を哲学的背景を含めて提示し、自律的に道徳判断を下すソフトウェア「人工道徳的エージェント」を構築するための様々な戦略を検討する。著書に『ロボットに倫理を教える——モラル・マシーン』(共著)『人間vsテクノロジー』などがある。

かつてアイザック・アシモフが唱えた「ロボット三原則」。ロボットは人間に危害を加えることなく、命令に服従し、自己を守ること。SFの巨匠が半世紀以上前に、未来社会を見据えて書き上げたフィクションの中の原則に、今真正面から取り組んでいるのが、倫理学者ウェンデル・ウォラックだ。

イェール大学生命倫理学学際センターの「テクノロジーと倫理」部会長を務める彼は、AIを始めとする新たな技術が、私たちの生活の様々な場面に浸透する中で生まれる問題について、日々検討している。

ロボットに倫理を教える？　人工知能が自ら倫理を作る？　それはどんな規範によって生まれるのか？　果たして「理性」的なAIなどできるのか？　そしてさらにその問いは、そもそも私たち自身が確かな規範と言えるものを持ち、理性にも根拠を持てるのだろうかという問いにまでたどり着く。そして、その理性のあり方を考えるために、鍵の一つを握るのが感情の存在なのだと言う。ともすれば、理性の対義語のように思われる感情をどう捉えるべきなのか？　ウォラックならではの論が展開する。

「倫理」という概念を揺さぶることで、AI時代の考え方を説く彼の経歴は、実にユニークだ。当初からアカデミズムを志し「倫理」学者となったのではない。様々な経験、人生の試行

錯誤を通して、人々の心模様、社会の秩序のあり方に関心を持ち思索することになっていったのだろう。そうしたすべてが、彼の思考に深みをもたらしたわけだが、まずはそうしたバックグラウンドから話してもらおう。

世界放浪の末にＡＩの世界へ

私は変わった人生を歩んできました。典型的な学者のように博士号を取得してすぐに教職に就いたわけでありません。事業を立ち上げたり、世界を旅して回ったりしました。若いころは瞑想に深く傾倒していた時期もあります。インドについて学んでいたころです。その影響で、思考がどのように機能するのか、私たちがどのように意思決定をしているのかについて興味を持つようになりました。私はこれを「一人称の認知科学」(First person cognitive science) と呼んでいます。「認知科学」と呼ばれる分野が確立される前の話です。これをきっかけにコンピュータに夢中になり、いくつか小さなコンピュータ会社を立ち上げました。そうこうしているうちに学者にたどり着いたというわけです。

私の関心は思考機能への興味から始まり、コンピュータで思考能力を再現できるのか、もしコンピュータ単独では無理ならば、生物学とコンピュータを組み合わせれば可能かといったことに移っていきました。その後テーマを絞り込み、今はコンピュータに倫理的な判断ができるのか、道徳的な配慮ができるのか、それらをコンピュータの機能として組み込むことは可能か、ということを研究しています。

これが私の著書『ロボットに倫理を教える——モラル・マシーン』の執筆につながりました。私たちは今後数年の間にも、自律したコンピュータ・システムが意思決定を下すことによって、甚大な社会的被害が起こるのではないかと予測しています。とはいえ、テクノロジーの進化は止められません。ですから安全性と社会的利益を両立させるために、AI自身が道徳的判断を下せるようにすること——私たちはそれを人工道徳的エージェント（AMA：Artificial Moral Agents）と呼びますが——が求められるようになると考えます。そこでこの本では広範な角度から、コンピュータやロボットに道徳的判断をさせるための因子を実装できるか、その可能性について書いています。さらに人間の道徳的意思決定がどのようにして行われるかを広く考察しました。

不思議なことに、以前は道徳哲学や実践倫理学の研究は行われていても、私たちのように道徳的な意思決定を探究する「道徳心理学」を詳しく研究する人はあまりいませんでした。道徳心理学の研究が盛んになり、他の思考能力も注目されるようになったのは、ちょうど私が『ロボットに倫理を教える』を書き始めた頃です。

AIがもたらす破壊的なリスクは避けられるか

ＡＩはすでに私たちの暮らしのあらゆる面に影響を及ぼし、あらゆる形式のデータを分類するのに使われています。ただし、例えば公開イベントとして行われた囲碁の試合や、ディープラーニングの飛躍的進歩を目にすることはあっても、多くの人はＡＩが使われている分野が極めて広く、どれほど暮らしの中に入り込んでいるのかを気づいていないと思います。飛躍的な進歩により、ＡＩは多様な場面で使われています。しかし使われているのは、優秀ながらまだ比較的限定された形の知性です。

ＡＩが人間に与える影響は良いものか、悪いものか。一般的には良い影響だと思います。しかし悪い影響が生じる可能性もあります。例えば、ソーシャルネットワークは一般的には良いものだと考えられていました。しかしそれが人々の行動を操作したり、社会的、政治的、民主的なプロセスを弱体化させたりすることに使えるとわかると、以前考えていたように良いものとは思えなくなる。これはＡＩにも当てはまります。

想定される悪影響としては、例えば大量の仕事が自動化され「テクノロジー失業」を増やすこと、人間の介入や操作なしに攻撃目標を決め実行する自律型致死兵器システムの開発を促進させること、社会機能を破壊、あるいは弱体化させるハッキングを可能にすることなどが挙げられます。

これは全てのテクノロジーに言えることで、目新しいことではありません。AIに起因して起きていることを例挙しただけです。全てのテクノロジーには代償が付き物です。大きな利益が見込まれる場合でも、使い方によって破壊的な結果を引き起こすリスクがあるのです。

私たちにとっての課題は、いかに利益を最大化し、社会に与える弊害、リスク、悪影響を最小化するかということです。ここで懸念が生じます。私は社会への悪影響やリスクを最小限に抑えることに重きを置いていますが、一方で利益を最大限追求しようと考える人たちもいるのです。

AIが貧富の差を拡大させる？

例えば、ＡＩは格差を拡大させる可能性があります。その開発の現状を見れば、その可能性は高いと言わざるを得ないでしょう。

現在、ＩＴ業界の寡占企業は石油業界の最盛期のそれよりも力を持っています。ＩＴ業界の寡占企業はより多くの富を保有し、企業価値も高い。ＡＩによってさらに富を得るでしょう。そして格差がさらに拡大し、社会の不安定化につながる恐れもあります。そのため、大きな懸念が生じています。ＡＩによる生産性向上で生じる利益や恩恵のほとんどを、最も恵まれた人々が受けるようなものではなく、幅広く社会に役立つ、皆のためになるＡＩを開発できるのかという懸念です。利益がどれほど広く分配されるかは、システムの開発目的によります。経済的利益をほどほどに追求するだけでも、恵まれている人々が恩恵を受けるシステムを作ることは可能です。

私も含め、おそらくこの本の読者の多くは恵まれている立場でしょう。特別裕福ではないにせよ、大半の人はクレジットカードを所有し、銀行には貯金がある。世界の人口の約半分はそのような人々です。他方、残りの半分の人々は毎日ギリギリの生活を送っています。世界有数の富める国アメリカの人口の半分もこの中に含まれます。彼らは日常によく生じる問題、たとえば病気や機械の故障などにもなかなか対処できません。そこで大きな問いが生じます。皆の利益となるようなＡＩの使い方はないのでしょうか。あるなら、どういう使い方でしょうか。

これは最近検討され始めたテーマです。いくつかの会議も開催されています。ジュネーブに本部を置く国連の専門機関、国際電気通信連合は「よりよき世界のためのＡＩグローバルサミット」(AI for Good Global Summit) でこのテーマを取り上げています。

国連事務総長もこのテーマに関心を寄せています。国連が注目しているのは「ＡＩは本当に人権を強化するのか」「ＡＩは国連サミットで採択された『持続可能な開発目標』一七項目の達成を後押しするのか、それとも足を引っ張るのか」といったことです。

私は昨年（二〇一八年）の講演で次のことを指摘しました。もしＡＩが格差を拡大したり、失業を増大させたりすれば、「持続可能な開発目標」のうち雇用に関する第八項に打撃を与えます。そして関連する他の項目についても、達成を邪魔することになる。その中には大多数の人は心配せずに済んでいるような、適切な医療や食料の確保といった基本的な項目も含まれます。

私たちは今、大事な時期にいます。ＡＩの開発における全体的な軌道を決め、社会への影響を見極めなければなりません。現在の軌道は格差を拡大し、富裕層あるいはＡＩの恩恵を最も受けている人たちの善意に依存するものです。ＡＩの恩恵を最も受けているのは――色々な形で株を持っている人は大勢いますが――特に世界の富を独占しているような人々です。ですから、テクノロジーの恩恵を広く行き渡らせるための十分な軌道修正が必要です。

60s「政治の季節」の歴史から学ぶ倫理

このように私は、テクノロジーの恩恵を念頭に置いてリスク対策を検討します。決してテクノロジーの否定派でも、技術革新の反対派でもありません。私の仕事はリスクを指摘することであり、利益を追うことではないというだけです。その点、マックス・テグマーク（第1章に登場）は楽観主義者ですが、私は現実主義者でいようと思います。彼の仕事は、将来は明るいと皆を説得し、その明るい将来をどうやって作るか考えること。私の仕事は暗い将来にならないように対策を練ることです。

テグマークと私とでは見解が異なると思われるかもしれませんが、まずはっきりさせておきたいのは、ＡＧＩ（汎用人工知能）やＡＩの肯定派も懐疑派も、良い方向に導こうとしているのは両者とも同じだということです。多くの人が先頭に立ち、AGIの有益性を確かなものにしようと研究しています。その中にマックス・テグマークやスチュワート・ラッセル（カリフォルニア大学バークレー校教授、米国人工知能学会フェロー）といった人たちがいます。

そうした比較的若い世代の研究者と私のどこが違うかと問われれば——私は一九六〇年代に活動家のコミュニティに属していました。当時はベトナム戦争、公民権運動、人種差別など、さまざまな倫理的な問題を抱えた時代でした。テグマーク氏をはじめ若い世代が生まれた頃には、これらに関する倫理観はかなり確立されていたわけです。

第二に、彼らの関心は最初から科学者になることでしたが、私が関心を持っていたのは社会運動、社会問題、自己発見などの社会科学に近い事柄でした。彼らが社会運動や善行に目を向けたのは、主に自分たちが開発したテクノロジーが問題を引き起こすかもしれないと悟ったときでしょう。

つまりAIの分野でマックス・テグマークのような人たちが活発に発言をするようになったのは、AGIの危険性を認識し、責任ある科学者として危険を回避する必要性を感じたからです。私たちはバックグラウンドが違います。

ＡＧＩの可能性について、私は懐疑的です。実現するとしてもまだ先のことだと思っています。それよりも近い将来に起きることを懸念しています。近い将来に起きることのほうが、テクノロジーの発展や可能性に大きな影響を与えるからです。

機械に「道徳」は実装できるか

ＡＩのリスクを考えるうえで、二つの倫理的側面を考える必要があります。

まず、リスクの多くはテクノロジーの開発方法によって最小限に抑えることができます。安全で信頼でき、人間の価値観を尊重する、用途に沿ったテクノロジーを開発することが重要です。これはエンジニアおよび社会全体が取り組むべき側面です。テクノロジーに何を求めるのか、どこまで許容するのかを決めるのは社会です。

つまり、リスクを最小限に抑えるには、テクノロジーの設計の仕方、テクノロジーの展開の有無、社会がどのようにテクノロジーを展開させたいのか、そして展開するうえで必要な基準や価値を考えることが重要です。また、テストやコンプライアンスももちろん大事ですし、時にはこれらのテクノロジーの使用を制限する規制も必要となります。これが一つ目の倫理的側面です。

もう一つの側面は「機械道徳」（Moral Machine）です。人間の道徳、つまり人間の価値観に対する感受性をシステムに実装し、システムが意思決定をする際にそれを尊重させるのです。

これは少し未来的な話になります。今のところ「機械道徳」は存在していませんからね。しかし「操作的道徳」（Operational Morality）と呼ばれるものは存在しています。「操作的道徳」では、機械に実装する価値観は多かれ少なかれ企業やエンジニアの価値観となります。彼らの考え方がシステムにプログラミングされるのです。

『ロボットに倫理を教える』の中で、私はシステムが人間の価値観を尊重して判断・実行することとは可能なのかを考察しました。特に選択肢がある場合についてです。自ら選択をするシステムの設計は始まったばかりです。もし倫理に配慮するシステムが開発され、倫理を組み込んだ選択や実行ができるようになれば、そのシステムを展開する領域は劇的に広がるでしょう。

これは決して簡単なことではありません。最初はゆっくり時間をかけて、比較的制約された環境で機能する「機械道徳」が開発されるでしょう。私はこれを「限定的な道徳環境」（boundedly moral environments）と呼んでいます。つまり、特定の環境でどのような選択が可能かおおよそ把握はしているけれど、実際にいつ、どこで、どの選択をするかは必ずしもわかるわけではないということです。どのような選択肢の組み合わせが可能か、全てを把握しているわけではありませんからね。

ですから「機械道徳」の開発の初期段階では、「限定合理性」(bounded rationality)、あるいは「限定的な道徳」(bounded morality) のようなものになるでしょう。「限定合理性」は人工知能の父、ハーバード・サイモンが提唱した言葉です。このような初期段階を経た後は、自律システムが様々な環境の中で増え始めるでしょう。するとかつて経験したことのない状況に次々と直面する可能性が生じます。また、実際に開発できるかどうかはＡＩに関する最大の疑問の一つです。

ＡＩも道徳を学ばなければならない

では、私たちは機械にどのようにして汎用的な道徳を身につけさせればよいのでしょうか。そのことを考えるうえでは、そもそも私たち人間がどのように道徳的判断をしているのか、そしていかにして道徳を学習しているかにも目を向けなければなりません。

多くの人は道徳的判断をするとき、より高次の原則に基づいて行います。ここで言う原則とは宗教や社会的規範などのことです。例えばキリスト教徒なら十戒があります。功利主義の「最大多数の最大幸福」の原理も道徳的判断の基準としてよく知られています。このように、新たな状況が発生したとき、自分の属する文化の原則に照らして判断の理由づけをすることが多いのです。

一方、ほとんどの人は生まれながらにして道徳的判断ができるわけではありません。精神的に成長する過程で何が重要で何が重要でないのか、何に価値があるのか、何に注意を払うべきかを学びます。その際に高次の原則が考慮されようがされまいが、私たちは善良な市民、気配りのできる人間、道徳的に適切な行動をとれる人間になる方法を知るというわけです。これは人間が進化の過程で身につけた傾向もあるようです。例えば人間同士が協力する傾向は、進化の過程で備わったという説があります。私たちは協力し合うようにプログラムされているのです。状況によっては拒否する場合もありますが。

「人工道徳的エージェント（AMA）」を設計するには、そうした人間中心的な視点を起源とする道徳観や倫理観を再検討しなければなりません。これまで人間が培ってきた価値観はそのまま機械に適用できるものではないからです。そのことを踏まえたうえで、道徳に対する感受性をコンピュータやロボットに実装するには、私は高次の原則を内蔵させる

「トップダウン・アプローチ」と、コンピュータが自分で必要な道徳を学んでいく「ボトムアップ・アプローチ」の両者を合わせたハイブリッドなアプローチが必要だろうと結論づけました。

私は、人間と同じようにコンピュータも何が道徳的に正しいのかを学ばなければならないと思います。もちろん社会の高度な価値観を反映させるためには、トップダウン型の選択や作業を採用することになるでしょう。一方、「徳の倫理学」「徳倫理」を反映させるためには、繰り返しになりますが、トップダウン型とボトムアップ型を合わせたハイブリッドなアプローチが最適だと考えています。

AIは「不完全な鏡」である

「徳の倫理学」「徳倫理」について説明を加えておきましょう。これにはさまざまな形があり、古代ギリシャではアリストテレスが提唱していました。仏教やブッダの思想、孔子の思想の中にも見られます。「徳倫理学」はいかに徳のある性格を培うか、いかに自然と適切な反応ができる性格を培うかに焦点を当てます。一般的な道徳理論は動機に焦点を当てるので、それとは大きく異なります。

道徳理論には、大きく分けて二つの立場があります。一つ目は社会の義務を守ることをよしとする「義務論」。Deontology（義務論）は、ギリシア語に由来する哲学用語です。これは自分が属する社会が定めたルールや義務を守ることが道徳的だとする立場です。長い間、この立場が多くの道徳観を支配してきました。

もう一つの理論は、ジェレミー・ベンサムやジョン・スチュアート・ミルが発展させた功利主義、帰結主義です。これらの理論では、行為の善しあしはルールを守るかどうかではなく、行為がもたらす結果や効果や影響によって判断されます。そして良い行為は社会全体の幸福や利益を最大化させたものだと考える。いわゆる「最大多数の最大幸福」ですね。義務論のアプローチも功利主義的アプローチも、動機だけに基づく傾向があります。正しい動機が正しい行為を生む、というふうに。

私が重視する第三の理論、徳倫理学は少し異なる見方をしています。動機だけに頼りません。正しくて良い行為とは、性格の良い人が実現するものであると主張するのです。「最大多数の最大幸福」のためとか、自分の属する文化のルールを守るためとか、頭で考えて行動するのとは違います。

現在、多くの研究者たちが徳倫理学への関心を復活させようとしています。私の考えでは、特定かつ個別の文脈の中では徳倫理学は十分機能すると思います。

しかし、すべての文脈で満足に機能するかといえば無理でしょう。動機づけに頼る代わりに、機械に性格を持たせ、ある文脈の中で人間や他の存在、動物や私たちが創造した人工物などと交流できるようにするのです。

では、私たちが作り出すＡＩは本当に徳を持った存在になり得るでしょうか。言い換えれば、これからのＡＩは本当に信頼できるのか、ＡＩにどんな価値観を持たせるべきなのか、ということです。このことはシステムを構築する者の意図や価値観に大きく関わってきます。

そのことを考えるときに、根本的な問題として、この新しい時代の倫理がどうあるべきか、私たちは答えを出せているのかという課題が浮上します。これは何よりもまず人間側がやることです。機械道徳は、人間の意思決定についての問題でもあるのです。

ある意味、ＡＩは私たちに不完全な鏡を与えました。この鏡は私たちをそっくりそのまま映すのでしょうか。それとも私たちが作る人工物との違いを映し出すのでしょうか。後者の場合、違いとは何でしょう。その違いのひとつが「私たちは自ら規範を決める」ということです。

すべては啓蒙思想から始まった

今から三〇〇年前、西欧では「啓蒙思想」として知られる思想運動が起こりました。その中でデカルト、ロック、ホッブズをはじめ、大勢の思想家たちが人間の価値観について様々な説を唱えました。彼らは主にキリスト教会が支配する文化や、アリストテレスの思想的役割に大いに反発したのです。宗教的教義から人間を解放し、科学への理解や人間の理性を重んじました。そうして啓蒙思想という新たな価値体系は生み出されたのです。

彼らは、自分たちの思想運動が現代社会の基礎を築くことになるとは思ってもみなかったことでしょう。科学が何を生み出すことになるのか、知るよしもありません。民主主義の基礎を築くことになること、神が中心の世界観ではなく個人に焦点を当てる価値観を生むことになることにも気づいていなかったのです。彼らは資本主義、科学革命、細菌論、衛生革命、デジタル・テクノロジーをともなう第四次産業革命の基盤を築いているとも知らずにいたことでしょう。

ある意味、彼らは人類の未来のための基礎を作ったのです。この数百年間、私たちはその恩恵に与《あずか》ってきました。しかし今後一〇〇年から三〇〇年先までこのままで十分なのか、私たちは今、再評価を迫られています。

世界は常に不確かです。そして次々と登場する新しいテクノロジーが不確かさに輪をかけています。私にとって倫理とは、不確実な人生の中でナビゲーター役を果たしてくれるものです。しかし多くの人にとっての倫理とは「これは正しい、これは間違っている、このルールに従え、この公式に当てはめろ」というものでしょう。これは倫理の本来の役割ではありません。

倫理は例えるならパラメーターです。人が選択や行動をするときに、このパラメーターを使うと良い結果になりやすいというものです。一方、パラメーターに背いた場合、解決できないような状況が発生する可能性が高まるのです。例えば戦争のような場合、一度始めると人間にも文化にも多くの傷跡が残り、何世代にもわたって癒やし続けなければならなくなります。ですから倫理の役割はどちらかというと、一度パラメーターに背くと望ましくない状況を引き起こす可能性があることを、人々に気づかせることなのです。

もちろん、いかなる場合にも原則に背くなと言っているわけではありません。「嘘をつくな」というシンプルな原則がありますね。場合によっては気を利かせて嘘をつくほうがよいことは誰もが知っています。暴力を振るわれ、あなたの家に逃げ込んできた友人がいるとしましょう。暴力を振るった者があなたの家を訪ねてきて、その友人がいるかと聞いたら、本当のことは言わずに嘘をつくほうが賢明です。少なくとも大半の人はそう思うはずです。

ですから原則を破るなということではなく、主たる選択をするということです。より秩序のある世界か、より混沌とした破壊的で暴力的な世界かを選ぶこと。私にとってはそれが倫理の役割です。倫理とは、不確かな世界をナビゲートするためのツールを与えてくれるものです。

私たちは今、歴史の変曲点にいます。将来の目標、何を達成したいのか、どのようなテクノロジーを展開、あるいは回避するべきなのかという観点に立ち、少なくとも一〇〇年先までの軌道を修正すること、描くことが必要です。ただし完全にコントロールするのは無理でしょう。

「人類の将来を握るテクノロジーが運転席に着いた」

重要なのは、テクノロジーの可能性が私たちの将来を決定づける要因になっているということです。テクノロジーが急速に発展する中で、どのテクノロジーが実現されるのか、実現されないのか、誰にも予測ができません。解明できること、できないことについての理論も数多く研究されています。飛躍的に発展する分野もあれば、予想外の問題に直面する分野もあるでしょう。この先一〇年から二〇年でどんなテクノロジーが実現されるか、正確に予測できる人はいません。社会にどのような影響を与えるのか、誰にもわからないのです。非常に不確かな時代だからこそ、人類のために、必要なパラメーターと軌道の設定が求められているのです。

新たなテクノロジーが暮らしに影響をもたらすとき、私たちは個人的にも社会的にも、それを許容できるかを考えなければなりません。そのパラメーターを設定するための、基本的な目標と価値を打ち出すことが、今の最も重要な倫理的課題です。

私はよく自動運転車をメタファーに使い、私たちが直面している状況を示唆します。「人類の将来を握るテクノロジーが運転席に着いた」というわけです。

火から車まで、新しいテクノロジーは常に人間の生活を形作ってきました。最近はそれが特に顕著になっています。生命の構成要素であるDNAの操作、原子や分子レベルで操作するナノテクノロジー。私たちは計り知れない可能性を秘めた新たな世界へと移りつつあるのです。

「感情」という残された課題

さて、話を少し戻して、ＡＭＡ（人工道徳的エージェント）を作ることは可能か、何が課題になるかについてお話ししましょう。

『ロボットに倫理を教える』を執筆したとき、私は計算システムが倫理を理解できるかを議論するだけでは不十分だと気づきました。また、人間が道徳的判断を下すときに様々な能力がかかわっていることもわかりました。このことは、今まであまり注目されていなかったのです。道徳心理学で扱うテーマです。

倫理学者たちは長い歳月を費やして物事の善悪について議論してきました。その議論では、人間には感情、共感などの能力が備わっていること、人間は他の生き物や他の存在と関わることができる社会的な生き物であることが前提となっています。これらをすべて当然のこととしたうえで、倫理について議論しています。人間に似ている生き物が出現したときに、私たちにとって何をするのが正しく、何をするのが間違っているのかという議論です。

しかし、ＡＩやロボットにこれらの能力が備わっているのは当然のことではありません。

誰かがシステム内に構築する必要があります。もしかしたら構築できないかもしれません。その場合、何が失われるのでしょう。あるいは何が得られるのでしょうか。

私たちはすぐにこの議論に入りました。意識、共感、理解などのうち、どの能力が必要なのか。どの場面で必要か。どのようなときにその能力が役に立つのか。どのようなときなら必要ないのか。そういったことです。そこで長く道徳哲学で扱われてきた、感情という要素が浮上してきました。

私たちは道徳心理学の様々な要素と、それらが必要とされるとき、されないときについて深く考察しました。道徳哲学では昔から感情を扱ってきました。道徳哲学者の一部は、適切な道徳的判断を下すためには感情が必要だと主張しました。もう一部はストア派に近く、感情は適切な道徳的判断の妨げになると主張しました。そしていかに感情を排除するかに取り組んできたのです。

このように感情の扱いには長い歴史がありますが、人工物の感情の有無について問題になることもありませんでした。感情を持たない人工物の利点は、判断を下す際に感情が邪魔することがないということです。一方で、適切な道徳的情操を持っていないことは欠点でもあります。感情を学ばないことは、正しい判断や適切な判断をするために必要な種類の怒りや恐れから、私たちを遠ざけてしまいます。

そして今私たちは、扱いに苦労してきた感情を取り込んで知性を捉えなおす、感情的知性の時代を迎えました。人工知能は自然な感情的知性を持っていません。私たち人間と適切に対話するためには、人間の感情を読み取る能力が必要でしょう。私たちがどういうときに恐れを感じ、どういうときに幸せを感じるのか、どういうときに感情的になるのかを。

家から家具を運び出したり運び入れたりする際、AIやロボットが助けてくれればありがたいでしょう。ただし効率的であればの話です。人間同士で家具を動かす場合は、相手にどう動いてほしいか、言葉や言葉以外の方法で合図を送ります。「感情的な知性」や「心の理論」によって相手が何を考えているか理解することが、協力する際には必要なのです。計算だけすればよい状況であれば感情的な知性は不要ですが、このように人と交流や協力をしなければならない状況では、感情的な知性が求められます。

AIに意識＝自己認識は組み込めるか

ここで注目されるのが「意識」です。人工物は意識を持っていません。人間が持っているような意識は備えていない。意識を持つＡＩを構築できるかについては様々な見解があります。

ここでは意識の定義は脇に置いておきましょう。簡単に言えば、今ここにいること、周囲の状況、周りとの関わりなどを自覚、認識していることです。さらに自らの存在を認識している状態です。道徳的判断を下すには、どういうときに意識が必要で、どういうときに不要なのでしょうか。

ある特定の単純なコンテクストでは、ＡＩは何をしているのかさえ理解しないまま、正しい動きや行動を選択できるかもしれません。「こういう状況ではこうする」とプログラムされているので、意識はもちろんのこと、何をしているのかを理解する必要すらないのです。

私たちは、倫理的判断や適切な判断を下すには、どういうときに意識が重要で、どういうときに重要ではないのかさらに深く考察しました。意識について多様な理論を調べ、どういうときに意識が役に立つのか、どういうときには単に事後の意識なのかを見極めました。

人間の意識の役割を説明する「随伴現象説」(Epiphenomenon)という言葉があります。哲学者でない限り知らないような仰々しい哲学用語ですが、随伴現象説によると、意識はそこにあるだけで、判断を下すために不可欠なわけではありません。

私たちとしては、それは正しくなく、意識は実際に役立っていると考えました。意識は、非常に複雑で同時にたくさんのことが起きている環境で、重要なことに集中するのを助けてくれる。つまり、その時々に私たちが注目すべきことに集中するのを助けてくれるものだと捉えました。

これは「グローバル・ワーク・スペース理論」と呼ばれる意識の理論です。この理論が説く意識とは基本的に、私たちが次に焦点を当てるべきものを決めるプロセスです。私たちはこのような意識をＡＩに実装できるのか検討しました。

しかし、ＡＩにそのような意識を実装できるか、あるいはＡＩが完全なる意識を持つことができるかについては、今もわかっていません。可能だとする人たちは、人間は進化の過程で意識を持つようになったのだし、動物も人間のそれとは違うものの、進化の過程で意識を持つようになった。だからＡＩにも意識を持たせることができるはずだと主張します。

私は、意識の形態によってはＡＩに意識を組み込むことは可能だと思っています。ただし、複雑な状況の中で正しい判断を下すために、その意識の形態が完璧に機能するかは確信がありません。それに今の科学で実現するのは無理だと思います。シンプルなデジタル・コンピュータでは無理です。シンプルと言ったのは、単純だという意味ではありません。デジタルな考え方から抜け出せていないという意味です。これでは賢明かつ繊細な判断を下すことはできないでしょう。

そもそも人間は知性を定義できるのか

感情的知性や意識について掘り下げていくと、そもそも私たちが知性を定義することなどできるのか、という問題にも突き当たります。

一九五〇年、ＡＩの父の一人は、機械が知性を持つことは可能かと問いました。そして、知性の定義には問題があり過ぎて、定義することは不可能だと悟ったのです。彼の名はアラン・チューリング。いわゆるチューリングテストの考案者です。チューリングは、知性を定義することはできないという事実を踏まえ、機械が知性を持っているかどうかを確かめるための「模倣ゲーム」を行いました。

今日、知性を定義しようとしている人たちの大半は、知性を狭い意味で捉えようとしています。超知能についても同様です。そこには私たちが期待するような幅広い能力は含まれていません。例えば、賢さ、繊細さ、意識の高さなどです。

加えて、知性には社会的性質があります。言い換えるならば、知性は個別的ではなく、集合的なものだということです。集合知は歴史を通して発展し、洗練され、共有されてきました。文化にも支えられてきました。私たちは集合知によってイノベーションを起こしてきたのです。そして知性を明確に定義しようとしていたところに突然、限定的な知性を持つ人工物が現れました。そのため、人工知能を含めた知能の定義が求められることになったのです。

知性の種類について、哲学的に論ずることはできます。

私にとって理性は知性の一種です。私たちの中には優れた直感的知性を持つ人たち、つまり直感的に正しい判断ができる人たちがいます。大多数は違いますよ。あるいは、道徳の理解力が高い人たちもいます。これも特殊な知性の一種です。芸術的、空間的、音楽的な知性もありますが、これらは全ての人に備わっているわけではありません。このように知性には色々な側面があります。

その中で私が最も重要だと考えるのは、自己理解、あるいは自己認識と呼ばれる知性です。この知性をもっと育むべきだと思います。そして、この知性と経験、文化の知識が総合されて知恵が生まれます。私にとって知性とは、「自己認識」「知恵」「自分が理解していることと理解していないことを認識していること」、それらを合わせたものです。このような形態の知性を人工物やコンピュータに実装するのは非常に困難です。

繰り返しになりますが、私が最も強調したいのは、知性は集合的だということです。文化に支えられ、時間をかけて培われたものであり、個人の中だけで育つものではありません。個人個人が知性の一片を持っていたとしても、それは全ての知性の結晶ではないのです。

人間とAIの決定的な三つの違い

人間とＡＩの違いとしてよく挙げられる要素が三つあります。

一つ目は意識。現在のところ機械は意識を持っておらず、意識を持たせる方法も見つかっていません。

二つ目は感情。機械には感情がありません。機械に感情を持たせるべきなのか、どのような感情を持たせたいのか、機械自体が何かを感じる必要があるのか、それとも感情を計算できれば十分なのか、答えは出ていません。機械自体が感じる必要があるのでしょうか。

それとも様々な感情を計算して反応できれば十分なのでしょうか。

三つ目は計画と想像をする能力。計画と想像については、機械はそれほど高い能力を持っていません。

この三つが合わさることで、人間は物事に意味を見いだし、相手を理解することができると私は考えています。この意味づけと理解する能力の有無が、ＡＩと人間の基本的な違いなのです。

このことがよく表れているのが、哲学者のジョン・サールが発表した有名な「中国語の部屋」という思考実験です。

ジョン・サールはアラン・チューリングの元々のチューリングテストについて考えていました。アメリカ人の彼は、ＡＩが日本語を話す学者の出す質問にも正しく答えられると見せかけたわけです。実際には中国語でしたが。正しく答えられたからといって、ＡＩが中国語を理解しているとは限りません。ＡＩは辞書を調べて言葉をマッチングさせるという純粋に機械的な作業で答えを出したにすぎません。何かしらの答えを出すことで質問者を騙せても、実際には理解していなかった。中国語を知らなかったのです。

現代の例を挙げましょう。顔認証ソフトウェアプログラムを考えてください。顔認証ソ

ジョン・サールの思考実験「中国語の部屋」

❶ 英語しかわからない被験者が部屋にいる。
彼の手元にあるのは、分厚いマニュアルだけ。

↓

❷ 部屋に中国語が書かれた用紙が差し入れられる。
当然被験者に意味はわからない。
しかし、並んだ漢字の文字列を、マニュアルに基づいて変換することはできる。

↓

❸ それを何度も繰り返す。
すると部屋の外にいる人は、被験者が中国語を理解していると思い込む。

⇨「意味の理解」はなくても「やり取り」は成立してしまう。

実験はコンピューターのアナロジーとしてよく用いられる。
本当に「言葉の意味を理解する」ことはAIに可能か?

フトは、「顔とは何か」を理解していません。腕時計に顔（face：文字盤）があることも、山に顔（face：斜面）があることも、歴史上に一千もの船を出動させた女性の顔があったかもしれないことも理解していません。ただセンサーでとらえた映像の個々の特徴を、データベースにある映像と照らし合わせているだけです。そのプロセスを全く理解していないのにもかかわらず、非常に正確に顔を特定することができます。ポイントは、「ＡＩが何も理解していない」ということです。この表情は怒りで、この表情は混乱を表している、と特定することはできるかもしれませんが、他方で表情の意味は全く理解していません。このように生活の中で物体や存在、関係性に意味を持たせることに対する理解という分野で、ＡＩと人間は全く異なります。

ジョン・サールによると、コンピュータが行う機械的、数学的な統語処理は、言葉の意味を理解することとは違います。これがまさに人間とＡＩの違いを示しています。

多くの科学者がジョン・サールの説に反論を試みようとしています。理解力を持つ機械は作れるはずだと。しかし私はその可能性をまだ確信できていません。少なくとも現在使われているデジタル・テクノロジーでは無理でしょう。基本的に、理解力のために必要なのは意識、計画と想像の能力、抽象的に考える能力、感情などです。これらの能力をＡＩのシステムに実装する方法は見つかっていません。

ロボットに心のケアを期待するとき

とはいえ、ＡＩがさらに発展して、人間と対話できるようになった場合のことも考えておくべきことです。例えば、ロボットに理学療法や心理セラピーを任せることの是非について。これはとても難しい問題です。ロボットの理学療法士や心理セラピストは好ましいものでしょうか。お年寄りや在宅療養者のケアをロボットが行うのはよいことでしょうか。乳幼児の最初の遊び相手がロボットなのはよいことでしょうか。

非常に難しい問題ですが、何もケアされないよりはロボットにケアされるほうがましでしょう。一方で、ロボットに特定の能力が欠けているせいで、ケアの対象者を傷つけたり、傷つけないまでも尊厳を損なうような態度で接したりする可能性もあります。

人間の尊厳や、人間の生活を豊かにするために最適なケアという面において、ロボットを本当に頼りにできるのか、私は懐疑的です。ロボットには感受性や感情がないからです。ロボットには相手の立場に立ち、相手の気持ちを本当に理解することはできません。ですからこうしたシステムは有害になる可能性すらあります。

とはいえ、多くの点で役立つことも否定できません。例えば、理学療法で腕を何度も動かすのに手助けが必要な人がいるとします。人間の理学療法士では飽きてしまいます。残念ながら患者に対して、皆が思い入れがあるとは限りません。ロボットなら飽きることはないので、そうした状況ではとても役立つでしょう。

心理セラピーにおいても、人間のセラピストには打ち明けられないことでもロボットには打ち明けやすいかもしれません。それは、心を開いている状態をロボットが理解するからではなく、人間がロボットとのやりとりの中で自分を表現することによって、自分自身を理解することができるからかもしれません。

繰り返しになりますが、ロボットを使った理学療法や心理セラピーには利点もあれば欠点もあります。正しいか間違っているかではありません。どのような目的で使うのか、どのような効能があるか、有害となる代償はあるのか、あればどうしたら最小限に抑えられるのか、それらを考えることが必要です。

例えば、私は幼い子どもとロボットのコミュニケーションのしすぎは有害だと考える一人です。幼い子どもは認知を発達させ、充実させる段階にあります。適切な共感や感情的な反応、熱心な関与を見せない相手とやり取りをしていると、子供の発達が阻害される可能性があります。このようにテクノロジーを使うか使わないかについては、細心の注意を払う必要があります。テクノロジーは人間に代わって配慮、心配、共感することはできません。人生のどの段階においても、それは同じです。

お年寄りや外出できない人のケアについては、ロボットのお世話係がいるだけでは不十分です。人間的な共感や温かさも必要です。どちらかがあればいいというものではありません。しかし、人間は必要な世話を常に十分にできるとは限らないので、ロボットを補助的に使うことは可能かもしれません。

AIの出現が私たちに自身の価値観を問いなおさせる

先にも触れましたが、様々な倫理的問題が起きたときにシステムに何をさせたいのか、私たち自身が理解できているでしょうか。それほど私たちは成熟しているでしょうか。

善悪の概念は人によって異なるため、AIに正しい価値観を教え込むこと自体不可能かもしれません。これは根本的な問いです。正直なところ答えを出すよりも、この問いかけをすること自体が重要だと思っています。そうすることで善悪の概念について、より深く考えるようになるからです。

倫理学者である私にとって機械道徳プロジェクトの魅力は、実は実際にコンピュータに倫理的配慮を織り込めるかどうかではありません。AIやロボットの存在によって、皆が自分自身の価値観を新たな角度で見つめなおすようになることが大事なのです。

　残念ながら私たちが自分の価値観を見つめるとき、ほとんどの場合は感情を抜きにすることはありません。自分の価値観にこだわり、他者と対立することもあります。

　一方、ＡＩで何をしたいのか、あるいは様々な状況でロボットに何をさせたいのかを考察するときは、多少客観的かつ余裕を持って自分が適切だと思うこと、不適切だと思うことを考えることができます。様々な状況の中で実現させたいこと、させたくないことについて具体的に思いつくでしょう。例えばどのような状況なら、ロボットに在宅療養中の親のケアや話し相手をさせるのが適切であって、どのような状況なら不適切か、などです。

　分野によっては明確な結論が出ないかもしれません。社会的影響の観点からすると、ロボットに代行させるのが適切か不適切か明確な結論が出せない場合は、そういうシステムは設置しないほうがよいと思います。

　いくつか例を挙げましょう。自律型致死兵器システムは、人間の介入や操作なしに攻撃目標を決めて攻撃を実行します。これは非常にまずい。システムを完全に制御することができないからです。

　自律型致死兵器システムを禁止するかどうか議論する中で焦点となっているのは、誰がシステムに対する責任を負うのか、責任を負えるような立場の人がいるのか、ということです。私の考えでは、責任を負える立場にある人などいません。導入した人間の意図に反して対立を拡大したり、新しい戦争を始めたりする可能性があります。

自律型致死兵器システムは単にテロリストを特定して殺害する、無人偵察機のような兵器システムではありません。このシステムは、高性能兵器や核兵器を含むあらゆる兵器システムに搭載することができます。このような種類のテクノロジーを実装するのは大いに問題です。国防は人間が管理するという大前提を破ることになります。私が排除すべきであると考えるテクノロジーの一例です。

他にも導入に慎重であるべきなのは、〝社会の間をつなぐ〟テクノロジー（Middle ground technology）です。金融システムや他の重要なシステムで使われるテクノロジーで、不具合が生じた場合には社会を不安定にする可能性があるものです。

これらのシステムを人間が制御できること、あるいは少なくともシステムがどのような動きをするか把握できることは、何をもって保証されるのでしょうか。どのようなテストを課せばよいのでしょう。信頼できるシステムだと保証するには、どのようなコンプライアンスが必要なのでしょう。もし信頼できるシステムであることが保証できなければ、利用しないほうがよいかもしれません。

AIに責任ある行為を任せてよいのか？

先にも述べた通り、あらゆる点で人間と同等に賢いＡＧＩや、あらゆる点で人間以上に賢い超知能の実現について、私は他の人たちよりも懐疑的です。そのような知能を持つには、道徳的知性や自己理解、懸念に対して賢く配慮する理解力が必要ですが、ここまでお話ししてきたように、そういった能力を持つ機械を私たちが生み出せるか、私には確信がないからです。

明確にしておきたいのは、ほとんどの人間もこれらの全てを備えているわけではありません。しかし豊かにブレンドされてはいます。それに道徳的規範を持っている。人間の中には賢い人たちがいます。

ＡＩ、あるいはＡＧＩの危険性が懸念されるのは、必ずしもそれらが道徳的知性や自己理解力を備えているわけではないからです。人間の高尚な特性を全て備えているシステムだというわけでもありません。むしろ知恵や繊細さを欠いているにもかかわらず、絶大な力を持ち、世界の中で独立したエージェントとして機能できてしまうのです。私がＡＧＩ

の可能性を否定するとき、他の危険性を訴える人たちより高い基準を設けているのには、そうした背景があります。

今後五〇年から一〇〇年の間に何が実現され何が実現されないのか、皆さんと同じく私にもわかりません。過去一〇〇年間にどれだけの科学が生み出されたか、予測できていた人などいませんよね。同じように今後五〇年から一〇〇年を預言できる人などいないでしょう。私がＡＩの実現に懐疑的なのは皆さんより知識があるからではありません。一〇〇年後に何が起きるか予想しろと言われても不可能だからに他なりません。

そこで問題となるのが、危険または破壊的なＡＩから身を守ることに注意を向けるべきかどうかです。どの程度の防衛策を講じればよいのでしょう。小惑星や彗星が衝突し、地球を破壊する可能性は限りなく低い。全く起きないかもしれません。数億年とは言わないまでも、この先数千年、小惑星が衝突することはないかもしれない。一方で、来年起きる可能性もあります。そのような低い可能性を考えたとき、小惑星から世界を守るために、どの程度の投資をして対策を取ればよいのでしょう。ＡＩが悪い方向へ進む可能性を考えたとき、そうならないよう、対策にどれくらい投資するべきでしょうか。

優れた情報工学者であるスチュワート・ラッセルが私にうまいことを言いました。「今後五〇年でＡＧＩが実現する可能性が一〇パーセントなら、すぐに取り組み始めたほうがいいでしょうね？」と。私の答えはイエスです。疑わしい気持ちがあったとしても。大事なのはどれほど安全対策への投資をするかということです。

今以上声を大にすることがよいかはわかりませんが、安全対策のための投資が増え始めているのは確かです。非常によいことだと思います。しかし大きな危険をはらんでいる事実は変わりません。「自律型システムの研究はＡＧＩの開発につながるからやめろ」と、私たちが決められるものではありません。すでに研究は始まっているのです。

ＡＧＩを生み出せる可能性はあるのか。あるなら私たちが制御できる可能性は。ＡＧＩが人類のために有益に働き、人類の懸念に敏感であることを保証するためには、システムにどのようなメカニズムを組み入れたらよいのでしょう。

そして、私が懸念するのは近い将来のことです。ＡＩは人類全体にとって本当に有益になり得るでしょうか。それとも有害でしょうか。必要な知性が備わっていない分野でシステムにタスク処理の責任を押しつけたり、責任を否定したりすれば有害な影響が出ます。先ほど言及した自律型致死兵器システムがよい例です。

他にも原子炉の総合管理が挙げられます。理解や判断する能力のないＡＩに、多くの分野で判断の権限を与えている可能性もあるのです。これらはより危険で差し迫った問題です。

システムに与えるべき自律性はどれくらいでしょう。自律性を与えるのに不適切なケースと適切なケースはあるでしょうか。また基本原則として、道徳的エージェント、つまり行為の責任者である個人、または企業がいます。その基本原則を進んで軽んじてしまってよいのでしょうか。

私たちは責任を取ることのできない人工物に、責任の所在を明らかにすべき行為を任せています。あるいは今までどおり、人工物やロボットを使う場合は、システムが行うことすべてに必ず人間か企業が責任を負うべきでしょうか。これらは短期的に見た倫理的な懸念であり、対策が必要です。

私が非常に恐れるのは、人工物が新たな状況でどう動くか予想がつかないため、人工物の行為に対する人々の責任感が薄れてしまうこと、そしてそのうち責任を取る人が誰もいなくなることです。人類にとってこれは破滅への道です。ですから私はＡＩの倫理を研究し、有害ではなく、有益に使う方法を探っているのです。

機械と人間が連携するときの倫理的ジレンマ

ＡＩの分野で私が注目していることの一つは、自律型のシステムを構築すべきか、それとも人間と連携するシステム作りに集中すべきかということです。どちらを選んでも利益と損失が伴います。

現在、人々は様々な人為的システムと共に働いています。自律システムや飛行機のフライトシステム、他にもさまざまにあります。何か間違いが起きると、大抵は人間が責められます。人間には行動を変える柔軟性がある一方、ＡＩは設定が決まっている場合が多いからです。そこでよく持ち上がるのが、システムの自律性を高めればより安全になるのかどうかという議論です。

システムの自律性を高めた場合、新たな状況下でシステムがどのように作動するのか、人間が把握しづらくなるという問題が生じます。そうなると人間と人工物が連携して作業するためのシステムとしては失格です。また自律性を高めすぎると、作業に対する人間の責任感が薄れてしまいます。

ですから、自律したシステムを構築できるか、人間と同等の判断力を持つシステムを構築できるかという問題より、人間と人工物が協調できる方法を探るほうが断然重要だと私は考えます。とはいえ、そこには倫理的ジレンマも生まれます。

協調する中で起こり得る倫理的ジレンマを見てみましょう。現在、医療分野のコンピュータ・システムは、病気の種類によっては平均的な医師よりも診察能力に優れています。コンピュータのほうが正しい診断ができる可能性が高いとわかっている場合、医師は人工システムに従うべきでしょうか。あるいは、もし医師が人工システムは間違っているか、すべての情報を反映した診断をしていないと感じた場合、医師のほうに従うべきでしょうか。これは簡単な問題ではありません。

私は個人的に、このような問題の解決法としては、私たちの多くが持っている集合知を求めるのがよいと思います。こうした状況が発生したときに必要なのは、病院で倫理委員会を開き、そこで最良の治療方針を決めることです。医師が人工システムに反映されていないと思った情報が実際に考慮されていたか確認し、どちらの治療方針がより理にかなっているかを検討するのです。これがこの先の一〇年から二〇年、AIの展開に伴う中心的課題になると考えています。

私たちは人間とAIの連携によって生じる問題に取り組まなければなりません。人間とAIが連携することで集合知を最大化させる方法、弊害が生じる可能性を最小限に抑える方法を探る必要があります。

ＡＩが暮らしの隅々まで入りこめば、今までにない新たな倫理的問題が生じ、私たちは熟慮を重ねざるを得なくなるでしょう。それは厄介でもあり、楽しくもある時代です。

第3章 自律 AIが「心」を持つと何が起きるか

――ダニエル・デネット

Daniel C. Dennett

1942年生まれ。タフツ大学教授（同認知科学研究センター所長）、哲学者。専門は心の哲学、科学哲学。人間の心の発達について、ダーウィニズムからチューリングの計算理論まで様々な学問の成果をもとにして思索する。著書に『解明される意識』『自由は進化する』『心はどこにあるのか』『心の進化を解明する――バクテリアからバッハまで』ほか多数。

一定の「倫理」観らしきものを示し、「意識」を持つ、という表現もできそうなAI。そんなAIが社会の中で活躍し始めるとき、私たちはその存在をどう受けとめればよいのだろうか。ダニエル・デネットは、半世紀以上の長きにわたって「心とは何か」を考えてきた世界的な哲学者だ。

彼が探究する「心の哲学」とは、心の性質や意識と、物理的な身体との関係性を研究する学問である。人間誰しもが持っていながら、捉えどころがなく実はその定義が難しい、心という存在。ハーバード大学哲学科を卒業しオックスフォード大学大学院にて博士号を取得した、王道を歩む哲学者としての経歴を持ちながら彼が異色なのは、その初期段階からコンピュータのシステムの研究なども視野に入れながら、心のメカニズムを追究してきたことにある。実際、認知科学や生物学など多様な学問分野の成果を取り入れながら思考する彼にとって、学問のカテゴリーはあまり問題ではないのかもしれない。人文科学、自然科学という時代の中で引かれた境界線を軽々と横断する知性は、機械と生物という二元論を越えた視点にたどり着いた。

デネットの語る論理は、ところどころ難解に感じられるところもあるかもしれないが、その「難しさ」は、私たちの多くが持つ思考のベースそのものをまさに一八〇度転換させることに起因している。それは難しさと面白さが背中合わせの体験ともなり得るはずだ。

ロボットが「自律」し「心を持つ」とは、どういうことなのか？　心の哲学の第一人者が答える。

AIは〝心を持たない〟知的ツールであるべき

私は長年、人間の心の進化について研究してきました。元はバクテリアだった生命が長い進化の果てにヒトという生物となり、現在の私たちの心がいかに存在するに至ったのか、さらにバッハの音楽に象徴されるような高度な文化、芸術まで生み出せるまでになったのか……。脳はいかにして驚くべき機能を有するようになったのかという、人間の心と意識について解明しようとしてきました。その中で私は、AIは人間の意識を解明するための一助になると思うようになりました。

まずはAIについて私が考えていることをお話ししましょう。

何年も前にAIが現れ始めた頃、二つの異なる分野を区別しようとする動きがありました。AIとコグニティブ・シミュレーションです。コグニティブとは、人間の認知機能を模倣するもので心理学の分野に属し、一方のAIは単にエンジニアリングの分野に属していました。

ところが、あらゆる手段を講じて研究しても、人間の心や脳のことはよくわかりませんでした。すると次第に研究者は心理学や人間の行為をモデル化する試みをほぼ忘れてしまい、AI研究に専念するようになったのです。そしてその後、ディープラーニング技術が開発されました。皮肉なことに今この技術が脳の働き、特に大脳皮質の仕組みを理解するのにひと役買ってくれる可能性が出てきています。

とはいえ大切なのは、これはこの分野の専門家のほとんどが承知していることですが、ディープラーニングは本当の意味で私たち人間を代替するものではない、心を持たない知的なツールであるということです。

ディープラーニングは、私が時折使う言葉で言えば「骨組み」にすぎません。ディープラーニングには素晴らしいことができます。一〇年前にはできるとは思いもしなかったことができるのですから驚きです。今ではエージェントを組み立てる際に使える、言ってみれば「新しい建築資材」があるのです。非常に賢い骨組みですが、私たちはまだエージェントの構造に組み込んではいません。

私はこのツールを使って、人工的な「同僚」ではなく、知的なツールを作り続けたほうがいいと考えています。意識を持った科学エージェントは必要ありません。なぜなら彼らは私たちが避けなくてはならない倫理的な問題を引き起こすからです。人間はすでにたくさんいます。意識を持った超知能をつくるのは間違った目標ではないでしょうか。しかしそれでも人々はその目標を目指すでしょう。

少し冷静になって、そうすべきではない相応の理由があることも認識すべきです。

「自律性」を持つということは隠し事をするということ

その理由をお話しするうえで、「自律」ということについてまずは考えてみましょう。

例えば自動運転の実現、すなわち「自律」型自動運転車の実用化はすぐそこに迫っています。しかしもちろん、真の意味で自律しているわけではありません。もしも本当に自律していたら、「スーパーに行って」と命じても、車は「結構です。行きたくありません。自分で歩いて行ってください。私は他にやることがあります」と答えるかもしれません。これが自律です。

そのような自律性を車に求める人などいないでしょう。科学の分野でも自律したＡＩの科学エージェントを作ろうとする動きがありますが、同じようにＡＩに自律性を求めるべきではありません。真の意味で自律した、意識のあるＡＩの科学エージェントは「申し訳ありませんが、私は遺伝学には興味がありません。株式市場で大儲けするつもりです」などと言い出すかもしれません。

では、ＡＩに自律性を持たせたくなければどうすればいいのか。人間がそのスイッチを切れるようにしておきたければ、ＡＩが意識を持った、非常に知的なエージェントであっては不都合です。ＡＩを制限された、視野の狭い、隔離された、孤立した知的ツールに留めておくべきです。質問に答えてくれる賢い機械であり、それ以上の野心を持たない存在に。

ＡＩに真の自律性を持たせないほうがよい理由のひとつは、自律したＡＩに対しては、人間にそうするのと同様に、私たちの目標、つまり何をやってほしいか、なぜやってほしいのかを説得する必要性が当然出てくるからです。

また、ＡＩが自律性を持てば、私たちに隠しごとをするようになるでしょう。自律したエージェントは他のエージェントに自分の考えていることを悟られないようにするからです。ですから意識を持った、独自の意識を持って会話することのできるＡＩをつくろうとするならば、「神が人間に言葉を与えたのは、互いの考えていることを隠すためである」という、かのタレーラン（シャルル＝モーリス・ド・タレーラン＝ペリゴール。一八世紀から一九世紀に活躍したフランスの政治家）の名言を思い出すべきです。この皮肉な言葉には深い示唆があります。意識を持ったＡＩが非常に率直で、誠実で、全く裏表のないものになることは期待できません。真の意識とは相反する性質だからです。そのため非常に気をつけなければなりません。

私たちは同じ人間同士でさえ協力や善意を受けるのにずいぶんと苦労しています。そこに自律型エージェントというカテゴリーが加わったら、ますます面倒なことになります。人間より素早く考えることができ、人間との共通点もあまりないからです。それが、人間と同等、またはより賢い知的エージェントをつくることに非常に慎重であるべきだと私が考える主な理由です。

また、ＡＩと人間の大きな違いのひとつは、少なくとも当面の間は、私たちの命には限りがあり、彼らの命には限りがないということです。毎晩バックアップを取ることも可能です。ＡＩを殺すことはできませんし、ＡＩは死を恐れません。そのように設計することもできるかもしれませんが、賢いＡＩには見透かされてしまうでしょう。

AIは「AIとしての意識」を持てるが……

原理的にＡＩは意識を持つことができます。あらゆる重要な面において意識を持つ、完全にデジタルベースのロボットを作ることは可能です。彼らの意識と人間の意識には違いがありますが、彼らは貴重な話し相手として、私たちの良い仲間になるでしょう。そして私たちは冗談ではなく本気でＡＩと友達になろうとしたり、ＡＩに助言を求めたりする。すべて原理的には可能なことです。そこまではまだ到達していませんが、ヒューマノイド・エージェントなどの賢い知的エージェントはもうじき誕生します。今盛んに研究開発が進められています。

ヒューマノイド・エージェントにとって大きな市場は高齢者介護の分野になるでしょう。それには明確な理由があります。病弱な高齢者、あるいは同時に認知症でもある高齢者を二四時間介護するのは誰にとっても大変なことだからです。かつての電話交換手の仕事と同じか、それ以上に大変です。ロボットによる高齢者介護は大規模な市場になるでしょう。

当然、研究者はそのロボットをとても可愛くて人間らしく感情を持った、抱きしめたくなるようなフレンドリーな存在にしたいと思うでしょう。しかしそれは全て見せかけで、本物ではありません。彼らには意識や感情はありません。見かけと中身が異なる、模造された存在者の手による介護に、私も含む高齢者を任せるようになる近未来はあってほしくないビジョンです。

彼らが非常に限られた役割において、人の代わりとして悪くない存在になるならばよいかもしれません。私だったら三体のロボットとチェスなどをしたり、本について話したりしたい。それだけで十分です。今でもコンピュータ相手にチェスができるし、それなりに楽しめますよね。それをかなり拡張したものと考えればいいのです。しかし、ロボットが本物の個性を持っているという幻想に人々が騙されてしまうのは、それが無害だったとしても偽物であることには変わりはなく、私には気がかりです。

「意味」を理解できないＡＩは人間のようになれるか

そうしたヒューマノイド・エージェントからさらに進化した、ＡＧＩ（汎用人工知能）はどうでしょうか。私は何年も前から、人間と同等、またはより高度な知能を持つ真のＡＧＩを含む「強いＡＩ」は原理的に実現可能だと言ってきました。しかし、それは人々が思うようよりもずっと難しいことです。間違いなく、ＡＩ研究者の多くが示唆するよりも難しいでしょう。

ＩＢＭが開発したワトソンの例を見てみましょう。どれだけの偉人の何世紀分もの英知がそのシステムに投入されたかわかりません。小都市ひとつ分の電気を消費する巨大なプロジェクトです。それでもその能力はＡＧＩの一パーセントの数分の一にも満たないのです。ワトソンが本当に会話できるようになる、つまり新しい話題を実際に理解し、探究的な議論に知的に貢献できるようになるのは、言われているよりも遥かに先のことです。可愛い言語インターフェースに騙されますが、それは見かけだけの薄っぺらなものに過ぎません。

とはいえ、ワトソンは素晴らしいものです。科学や医療など多くの分野でとても役立つでしょう。でも重要なのは、ワトソンの実際の理解力を過大評価しないことです。過大評価してしまうと、ワトソンがその判断に責任を持っているように思えてくるからです。そうなると、私たちは過度に頼るようになるでしょう。しかしそれは神託に頼るのと同じくら

IBMが開発したワトソン。医療や金融の分野に応用されている、質疑応答・意思決定支援システム（写真提供：アフロ）

い愚かなことです。古代ギリシャ人が神託に従って政策を決めていたのは、政治的には賢いかもしれませんが、短絡的で愚かなことだったというのが今日ではほぼ一致した見方です。ＡＩでも同じことが言えると私は考えます。

私が言いたいのは、ＡＧＩは人間のようには決してなれないということです。それは「理解」ということに関係します。つまり「ＡＩが意味を理解できるか否か」ということです。「なぜ人間が意味を理解できるかというと、人間には肉体があり、言葉で問題を把握できるからだ」というＡＩ研究者もいますが、原理的にはＡＩが言葉の意味を理解する方法はいくつかあると私は考えています。

例えばグーグル翻訳は、人間の翻訳者の過去の仕事にもっぱら寄生してできたものです。人間が長い月日を経て培った文章への理解と芸術的な技術、そして自分たちの仕事への深い理解に裏づけられた翻訳の結果を、グーグル翻訳がデータベースに加えているのです。機械翻訳の全てが、翻訳者たちの過去の仕事に依存しているのです。

ですが、だからと言ってグーグル翻訳がこれまでに翻訳されたことのない新しいものを翻訳できないわけではありません。可能です。それ自体は興味深いことですし、ある意味驚きでもあります。ソフトウェアのパターン認識アルゴリズムの力には息をのむものがあります。私たちの理解やものの見方も変えさせられます。

漸進性という概念の重要性

私が思うに、こうしたAIにおける言葉の意味を理解することの研究は、認知科学に非常に有益な結果をもたらしています。なぜなら、子供は言葉の意味を徐々に理解するということがわかってきたからです。ゆっくりと浸透するように、子供たちは徐々に言葉の意味を吸収していきますが、どのように吸収しているのかを自分ではわかっていませんし、わからなくても生活に支障はありません。ですが脳の構造は徐々にしっかりと形成され、何度も聞く言葉を徐々に理解するようになるのです。この「徐々に」というのが非常に重要な点です。

認知科学や生物学も最近になって、「漸進性」という概念の重要性をあらためて確認しようと研究するようになりました。つまり半分理解している状態や、その半分、またその半分を理解している状態があり、いずれも完全に理解しているわけではなく、ほんの一部を理解しているだけですが、実はそのように徐々に、少しずつ、その全てが積み重なっていくことで、「理解」は可能になるということです。ですからあるレベル以上のディープラーニングなら、人間が言語を理解するレベルとほぼ同じレベルで言語を理解できるようになるでしょう。

しかしそうなったときにAIが、言葉の意味に関する暗黙の理解とは別に、そのプロジェクトや動機や信念について主体的に関わるかどうかは別問題です。システムに肉付けして主体性を持たせ、それがこの世界で身を守り、プロジェクトやニーズや希望が見いだせるように協力するかどうか。この点で結果に大きな違いが出ます。

とはいえ、AIがどんなにディープラーニングを重ねても、私たちが守らねばならない境界線を越えることはないでしょう。私たちに必要なのはディープラーニングという骨組みを使って、私たちが利用可能な形でAIの機能を拡張させることなのです。

AIも「直感」を持てる

先に私は、原理的にAIは意識を持ちうると述べました。そしてそれは人間の意識と異なるとも。では、AIの意識とはどのようなものでしょうか。

一九六八年に私が初めて発表した論文は、AIに否定的なことで有名な哲学者ヒューバート・ドレイファスの説への反論で、防御AIに関するものでした。ドレイファスは、コンピュータは直感を持ち得ないと主張していました。いいチェスの対戦には、直感が必要不可欠だと主張していたのです。彼がその論文を発表した数か月後、彼がコンピューターのチェス・プレーヤーと対戦して敗北し、ＡＩコミュニティは非常に勇気づけられました。ドレイファスの面目は丸潰れでしたが、それでも彼は主張を撤回しませんでした。私が発表したその初めての論文で、私は直感に関するドレイファスの考えは間違っていると主張しました。

コンピュータに直感をプログラムするのは簡単です。コンピュータが任意の問題を解き、あなたの言語で回答します。そこであなたが「その答えをどうやって出したの？」と聞いたら「わかりません。ただひらめいたのです」と答えるようにプログラムすればいいのです。これが「直感」です。直感とは「どうやったのかわからない」ということです。私たちも、多くのことをどうやっているかわからずにやっています。ＡＩロボットも同じように多くの問題を、やり方を全く知らずに解くことができます。これは、主目的から逸れることを防ぐために、詳細に深入りしないようにするコントロールシステムの基本的な設計の一つと言えるでしょう。

ですから、ＡＩロボットはそのような意味では意識を持ちますし、直感もあります。たくさんの質問を投げかけてみればいいのです。

男性の顔と女性の顔をどう見分けるか。特に髪が見えない場合は？　ＡＩロボットは「さあね。顔によってはただ見て女性か男性かわかる場合もある。なぜわかるのかはわからない」と答えるでしょう。私たち人間と同じです。

私たちの場合と同じように、どうやって見分けたかの答えはあります。私たちはどうやって見分けているかをわかってはいません。ですが紛れもなく、ある非常に複雑で統計的に説明できるプロセスを経て、判断を下しているのです。私たち自身それ以上のことはわかりません。それが直感です。

信用は遺伝ではなく文化の一部

あまり合理的に動くわけでない、フレンドリーで感情的なＡＩをつくりたいという人がいたら、警戒して疑いの目で見る必要があります。

どうしてか。例えばダウン症の子を持つ親は大抵、とても愛情豊かに子供に接していま す。心を寄せて精一杯抱きしめ、温かく接しています。それはその子たちが安全な状態ではないからです。その子たちには自分を守れるだけの力がなく、誰かに利用されてしまうかもしれないからです。

ここで自律性に関する問題が思い出されます。私の友人で批評家でもある神経科学者のサム・ハリスが私の主張に笑ってこう言いました。「自分にとっての自由意思とは自分を操る糸を好きになることだ」と。自分が操り人形なら、その操られている糸を好きになることだと。私は「それも一理ある」と答えました。いくら自由であろうとしても、その糸を切ることはできないのですから。誰かの操り人形になりたくなかったら、自分の糸を大切にするべきです。他の人に自分の糸を引っ張られないように守らなくてはなりません。

私たちは子どもたちに「耳にすること全てを信じないように。自分を利用しようとする人たちもいるのだから」と教えます。子供たちに世の中に対して警戒することを怠ってほしくない。フレンドリーでありながらも簡単に騙されないようにしてほしいのです。

ロボットに対してもそうあってほしいと思うでしょう。ロボットに用事を頼んだときに、そのロボットに他の人間の操り人形になって帰ってきてほしくはありません。私たちが意図していなかった目論見を持って戻ってこられては困るのです。

ロボットを信用したいならば、理想的にはロボットが、単に信用できるだけでなく、信用に値する約束を守れるようにすべきです。人間にとって必ずしも合理的でないエージェントとの約束を信用するのは賢いこととは言えません。約束を守ってほしいなら、ロボットは合理的であったほうがいい。人類は互いを信用できるようになるまで、何千年もの時間がかかりました。それを無駄にはしたくありません。これは人間文化の素晴らしい賜物です。遺伝ではなく文化の一部なのです。当然、信頼に値しないエージェントをこの世界に加えたくはありません。つまり単に頼れるだけでなく、約束を必ず守るＡＩが必要なのです。

そうした合理的なＡＩが人間の文化に取って代わることは可能です。それを実現させようとすべきではないというのが私の主張ですが、実現させるのなら、課題に対していい答えを出してくれる、それのみを目的とする賢い骨組みであり神託を出す、ブラックボックスのほうがよいのです。それは特に誰に忠実なわけでもなく、目の前にある問題のみに合理的に対処する、何の企みも目論見もない、主体性を持たない存在です。一方通行で、スイッチを切ることもできる。分解して捨てることもできる。もう一方の可能性は、ＡＩを人間同様にすること、「人」を作ることです。私たちが信頼して契約も結べるような倫理的な責任感を持つエージェント。私たちが心の底から信頼できる存在です。

しかしながらこれは難しい問題です。政治的には平等と言えるかもしれません。チンパンジーに人権、あるいは権利を与えようとする人は大勢います。それには賛成しますが、私はチンパンジーに投票権や契約書にサインする資格などを与える気はありません。なぜなら彼らにも不利益はあるでしょうが、彼らは創造的かつ責任のある主体ではないからです。

AIが人間より賢くなることの代償

こうした人類と人工的なエージェントとの関係によって、私たちはどのように変わるのでしょうか。進化的な視点からも検討する必要があります。私たち長い歳月を経て知能を発達させ、文化を継承してきましたが、ＡＩという新たなツールが生まれ、研究が進み進化していくにつれて、人間はより賢くなるでしょうか。

私たちは、すでにＧＰＳのおかげで地図が読めなくなってきています。あるいは「アルファ碁」が囲碁に革命を起こした今、人間の囲碁プレーヤーが今後どうするのかは、とても興味深いことです。囲碁が難しくなりすぎてやる気を失くすかもしれません。私は「スクラブル」というゲームが好きなのですが、コンピュータと対戦しても意味がありません。コンピュータはあらゆる可能性を簡単に見つけられるからです。かといってイージーモー

2016年囲碁のトップ棋士イ・セドルにAIである「アルファ碁」が勝利。世界に衝撃を与えた（写真提供：アフロ）

ドで対戦したくもありません。

人間が機械に勝てない分野は、今後ますます増えていくでしょう。機械のほうがずっと上手にできることは、単にやらなくなってしまいます。それは人間をより賢くしているのでしょうか、それとも愚かにしているのでしょうか。

ある意味では、より賢くしているといえるでしょう。私は昔、あるアルゴリズムを使って平方根を筆算で求める方法を知っていましたが、もう忘れてしまいました。賢いのはアルゴリズムを使うことではなく、電卓を叩くことです。そのぶん、他のことに専念できます。私たちがＡＩにできないことに専念したら、ある意味、人間はもっと賢くなるでしょう。ただし、その代償として、今はできて当然と思っている多くのことができなくなってしまう。私たちの子どもは車の運転ができなくなるかもしれません。飛行機の操縦士も操縦ができなくなるかもしれません。

そのとき、人間は考えるべき新たな領域を見つけられるでしょうか。世界を見回してみてください。世界の七〇億以上の人々のどれほどが、いろいろと思考を巡らせたいと心から思っているでしょうか。

忘れてはならないのは、世界のほとんどの人が、どうやって次の食事にありつくか、どうやって自分と家族を守るか、仕事を確保し、どうやって人生でささやかな楽しみを見つけるかを考えるだけでも十分大変だということです。今後一〇〇年間、ほとんどの人間は科学に心をときめかせたり科学を重要視したりすることはないと思わねばなりません。科学に興味がない人も大勢います。科学に魅了されることなんてあるでしょうか。もしかしたら凄いVRゲームにならワクワクするかもしれませんが。

「進化は〝あなた自身が考えるあなた〟より賢い」

私が書いた『心の進化を解明する――バクテリアからバッハへ』という本には、私たちが何千年にもわたる「賢明な設計」（インテリジェント・デザイン）の時代をどう生きてきたかが書かれています。農業が始まった一万年ほど前まで遡っています。

一万年以上にわたり、私たちの社会には「賢明な設計者」がいて、畑の耕し方や荷馬車の作り方、家の建て方、宇宙船やコンピュータの作り方までも考え出してきました。そして今日では、かつてフランシス・クリック（イギリスの生物学者。DNAの二重らせん構造を発見しノーベル生理学・医学賞を受賞）が言ったように「進化は、〝あなた自身が考えるあなたより賢い〟」ということがわかるほどに進化を理解できるようになっています。「設計なき適応」こそが進化であり、私たちは進化を利用して設計という重労働を他に任せようとしているのです。実際、私たちは脳による情報処理ですべての意思決定を成しているかのように思いがちですが、それは間違っています。進化しようとして、脳をここまで複雑に進化させたわけではありません。あくまでも、環境への適応を試みた結果として、進化が起きたという現実があるのです。

この「設計なき適応」という現象は、「理解力なき有能性」の発見と言いかえることもできるかもしれませんね。そしてこの概念に馴染むことはとても大事であり、同時にとても難しいのです。なぜなら私たちの教育上の指針は、ほとんどの場合「理解力こそが有能性の根源である」という真逆の考え方に支えられているのですから。私たちが子どもを大学に進ませるのも、この先の人生で役に立つはずの、世界の仕組みすべてについての理解を子どもたちが獲得し、そうして得た「理解力」から必要に応じて「有能性」を生み出せるようになると信じているからです。

「ミーム」による進化は止まらない

フランシス・アーノルド（米国の合成生物学者・生化学者）は「指向性進化法」と呼ばれる様々な酵素を改良する方法（自然界の生命進化の仕組みを模倣して、たんぱく質の一種である酵素の機能を目的に応じて高めていく手法。ランダムに変異を発生させた酵素のバリエーションを作り、目的に合ったものだけを生かすことを繰り返して自然選択を人為的に作り出す）を確立し、二〇一八年度のノーベル化学賞を受賞しました。彼女の発想のポイントは、酵素の機能を高めていくときに、進化論的な「選択」に多くの部分を任せたことにあります。こうした着想は今さまざまな分野に広がっています。「進化」論的な発想に委ねられるべき領域が広がっているのです。そうした分野の一つとして、遺伝のアルゴリズムやディープラーニングも同列に考えてよいでしょう。ディープラーニングも、まだアルゴリズムの理解がなされていないところからボトムアップ型で改良されていくことでしょう。私たちはそれらのプロセスの説明方法をこれから見つけていくことになると思います。初期のコンピューター・プログラムが「目的ある設計」だったのに対し、ディープラーニングは人間の進化と同じく、

「設計なき適応」によって進化していくのです。

これはつまり、ほしい結果を得る際に、そのことを完全に理解していることはどんどん少なくなるということです。これは少なくとも気がかりな展望です。理解していないテクノロジーを使った結果、どのように出したかわからない答えに落ち着くことになるわけですから。ですが、進化は止まりません。生物学的な種の進化だけでなく、その考えも進化するのです。

動物行動学者、進化生物学者であるリチャード・ドーキンスの『利己的な遺伝子』の中で打ち出された「ミーム」というコンセプトは、人間の振る舞いや技能などの社会的、文化的な情報は、脳内に保存され複製可能だとするものでした。今では多くの人々がインターネットにおいて「ミーム」という言葉を、ウェブを通してある行動やアイデアなどが模倣され拡散していくという意味で使っており、それは彼が意図したミームの意味とは全く違うものになっています。それらもミームであり、競い合ってコピーが繰り返されています。

今日はミームの賢明な設計者だと自認している人々もいます。犬や馬や豚の賢明な設計者だと自認しているのと同じです。ある程度はそのとおり、彼らは賢明な設計者でしょう。

ですが犬と馬と豚も今なお自然選択の途上にある生き物です。人々が考えつくアイデアについても同様です。

ですから私たちの進化が止まったわけではありません。あなたと私の違いが、今日は見えなくても明日は見えるということがあるかもしれませんね。例えば新しいウイルスが現れて、あなたには免疫があるのに、私にはなかった、というように。お互いのDNAの違いが今日までは目に見えなかったのに、突然目に見えるようになる。あなたやあなたの子孫は幸運で、あなたと同じ対立遺伝子がある人は問題ない。ところが私と同じ対立遺伝子を持った人々は死んでしまうかもしれないのです。それは止められません。

ソフトもDNAもコピーされていくことが本質

現在、絶滅したケナガマンモスを復活させようという試みがなされています。ケナガマンモスのゲノムを復元し、あらゆるプロセスを経て、北のツンドラ地帯でケナガマンモスを繁殖させる試みです。

このプロジェクトは、原理上は可能です。成功するかもしれません。ですが、可能なのはあくまでも古代のDNAが使える状態で見つかったからです。見つかりさえすればPC

R（ポリメラーゼ連鎖反応）というDNAを増幅するための原理で、簡単にDNAをコピーできるのです。どこかに現存するか否かは不明ですが、もし誰かがアラン・チューリングのチェスのプログラムを見つければ――彼は最初のコンピューターの使用法としてチェスで遊べるプログラムを書いたのですが――そのプラグラムを再び起動させることもできるのです。どんなものかも見られます。見つかりさえすれば。もちろん永遠に見つからないかもしれません。

私が何を言いたいのかというと、DNAとソフトウェアに関して重要なのは、どちらも遺伝子や情報がコピーされたものだということです。物理的な構造物ではありません。男性のゲノムと女性のゲノムを配列し、ランダムな遺伝子選別プログラムを用いれば、コンピュータソフトでその子供のゲノムを作り、赤ん坊を作ることもできるのです。その子どもが生まれて、生物学的にあなたの子どもであるというテストをすれば全てにパスします。たとえ中間段階でゲノムをソフトウェアで作っていたとしてもね。その子は二人の子どもになります。

実際のコドン（DNA上の塩基は三つの並びがひとかたまりで一種類のアミノ酸を意味する。この塩基三つの暗号）ではなく、情報が重要なのです。ソフトウェアもしかりです。CDの細いくぼみやクラウドに保存したデジタルデータ、あるいは昔ながらのパンチカードなどもその例えです。デジタルデータをどの媒体に保存しようと勝手ですが、何らかの媒体に保存しなければなりません。

ソフトウェアはＤＮＡと同じように永遠になる？

古いコンピュータを見てみると……私の自宅にも古いケイプロがありますが、これが私が使った最初のポータブル・コンピュータでした。博物館に置かれてもおかしくないパソコンです。

電源を繋げば使えます。ですが、動かすためのフロッピーディスクがありません。このパソコン用のソフトウェアが廃れてしまったのです。博物館で生き続けることはできるでしょう。実際、博物館はコンピュータの動物園みたいな場所ですからね。ですが実際は死んでいます。一九七〇年代の素晴らしいＡＩプログラムのほとんどもまた死んだも同然です。そのひとつのバージョンを生かし続けようとしている友人がいますが、一九七〇年代に私たちをワクワクさせたＡＩプログラムは、エアコンの効いた研究所の大きなメインフレーム・コンピュータで動いていたのです。それが今ではＪａｖａを用いたシミュレーターで動かすことができますし、スマホでも動かせます。これにより、ある程度は昔のプログラムやその子孫（後継）を生かし続けることができます。ソフトウェアはＤＮＡと同じように永続性を獲得する可能性があります。むしろ、ＤＮＡよりずっと容易に。

生物のＤＮＡは染色体や細胞の全てに絡みついていて、そのほぼ全てが死に絶えます。そのほとんどが腕やつま先、髪、目、腸などの体細胞にあるからです。当然、配偶子や睾《こう》丸《がん》のＤＮＡを保存しておくことで複製の可能性、不滅になるチャンスは生まれますが、人間のＤＮＡとは比較すべくもなく、ソフトウェアは素晴らしく簡単に、完全に複製することができます。ソフトウェアはある意味、不死身なのです。もちろん完全ではありません。全部のコピーを破壊すれば終わりです。ですが人間が作る他のものよりも、ずっと長生きする可能性があります。

チューリングのコンピュータ理論とダーウィンの進化論が重なるとき

「進化論の産みの親」ダーウィンと、「コンピュータの父」チューリングが直面していたのは、この「理解力なき有能性」という現象の極めて極端な形だったと言えるのかもしれません。つまり、世界における豊かな知恵、知性というものは、究極的には「理解力なき有能性」から生まれてくるのであり、そのような様々な有能性から長い年月を経てさらに有能な、そしてそれゆえに理解力を伴ったシステムが組み立てられるということです。これは奇妙な逆転と言うべきもので、まず「心ありき」というデカルト以来の創造のビジョンを反転させるものです。すべての結果、進化の結果として、心も存在するのです。

「理解力なき有能性」という考え方に違和感を覚え、そんなものは存在しないと主張する方も多いと思いますが、残念ながらそこに理由を見つけることは難しいでしょうし、そう考えたくなってしまうのは、私たちの心がそういうふうに考えるように形成されてきたからです。この思考法がかけた呪縛を解いたのがダーウィンであり、チューリングだったのです。そしてチューリングは、自然選択による進化で、自分が何をしつつあるのか理解する必要もないまま生物が内部構造や器官や本能の構築が起きたのとまったく同じやり方で、様々な有能性の連鎖から理解力を組み立てることができるのだという新たな思想を切り開きました。

ただ、ダーウィンとチューリングの二人は「奇妙な逆転」で視界を開いた点では一致していても、もちろん一つ大きな違いがあります。ダーウィンが示したのは、「設計なき適応」の連続によっていかに素晴らしいデザインが創造されてきたのかという「発見」でしたが、それに対してチューリングは、少なくともコンピュータを「発明」しているのですから。しかし、今一度繰り返しますが、「設計なき適応」「理解力なき有能性」という概念によって、私たちの世界を逆転させる視野を開いたことの重要性に着目すべきです。

人間の創造性の源泉とは

では、ＡＩと人間は根源的には同じものなのでしょうか。想像力や創造性を例にとって考えてみましょう。

想像力や創造性はどちらも人間にはあって他の種にはない、とても高度な能力のひとつです。絵筆を鼻でつかんで絵を描く象や、ものを飾り付けるチンパンジーがいるじゃないかという人もいますが、それは本当の芸術ではありませんし、科学でもありません。人間の創造性は、ほぼ完全に文化的背景に依存しています。

人間は文化の中で育ち、言葉を覚えます。私に言わせれば、文化とはソフトウェアです。私たちの「ネックトップ」（脳）にダウンロードするアプリです。そのアプリのおかげで人間には創造性があるのです。脳内の特殊な物質のおかげではありません。

人間の脳はチンパンジーやロバ、魚の脳と同じ物質でできています。そして脳内の物質ではなく、脳にある情報こそが人間を創造的にしている。ですから原理上は創造性を持つＡＩを作ることは可能でしょう。しかし、ＡＩが創造性を持つためには、自律性を持つ必要があります。それは、ＡＩがコントロール不能になることを意味します。そして、私たちは本当に自律したＡＩが欲しいのか、という問題に戻っていきます。

自律性を持たないＡＩからは芸術は生まれません。イラストレーションにはすでに機械が活用されています。アニメーション映画業界ではソフトウェアに美術的な仕事をどんどん任せるようになっていて、何年も前から機械化がどんどん広がっています。

ウォルト・ディズニー・スタジオの往年の名作を振り返ってみましょう。『白雪姫』のようなリアルなアニメーション映画は、何百人ものアーティストの芸術的労力がつぎ込まれて制作されました。その驚くべき人間の独創性ととてつもない芸術的労力のほとんどは、今は機械でできます。でも絵コンテや物語、キャラクター作りの分野はまだ残っています。今は人間のデザイナーの知性が必要な分野ですが、原理上は機械で代替可能です。

AIは主体性を持たずとも世論を操作しうる

ここで、チューリングの当初のイミテーション・ゲームに戻りましょう。

片方の部屋に男性と、もう片方の部屋に女性を入れ、中が見えない外の被験者に対して、二人とも自分が女性だと主張させるとしましょう。その時、自分は実は女性であると説得できた男性が、本物の女性よりも女性としてふさわしく、それが合理的であるとチューリングは主張しました。しかし、当然ながらそれは合理的ではありませんでした。

チューリングはその後、コンピュータが同様のことをできれば、それは合理的であると言いました。ですが、この場合に合理的であるには、男性が女性の感情を持たなければいけないと言っていたわけではありません。ただ女性を完全に模倣するために十分に女性を理解しなければならない、ということでした。女性が感情の面でいかに物事に反応するかに関して男性に完璧な理論があれば、たとえその男性が無感情だったとしても、理論を上手に使えたということになります。

同じように、感情を持たなくても、感情について優れた理論を持っているコンピューターができるかもしれません。そして感情がないにもかかわらず、瞬時に意味合いを分析し、人間の感情をとても上手くシミュレーションすることができるかもしれません。人間にも同様の経験が多くあります。

小説家は異なる性別の人間の視点から小説を書ける能力を誇っています。それが上手な人もいれば、そこまで上手でない人もいます。それは大胆な賭けです。もし女性が、頭に血が上りやすい性質を持った男性が主人公、あるいは語り手の小説を書くとしたら、それは興味深い仕事になるでしょう。もしかしたら男性の作家が、女性が主人公、あるいは語り手である小説を書いて、その女性の視点を捉えるよりも簡単かもしれません。

とにかく、これは日々試みられていることです。原理上は機械にもできることですが、それは本当の感情ではありません。ですが、もし男性が出産にまつわる不安や喜びや痛みをきちんと想像することができれば、世界中の母親たちが「よくわかったわね」と言うでしょう。出産を経験したわけではなくても、きちんと想像できればよいのです。

私たちの社会では、感情や合理性がバイアスとなり、人々や社会を分断することがあります。もしAIが本当に合理的なら、その人間のような感情が社会を分断することはあり得るでしょうか。AIの能力レベルによっては、それが主体性を持っていようがいまいが……ここでは主体性を持っていないと仮定しますが、彼らが世論や個人の意見をデマゴーグなどの扇動者よりもうまく操作するテクニックを発見することは可能性として十分あり得ます。重大な可能性です。

それは激しい競争になるでしょう。親は子どもに注意を促すでしょうが、それでも常に新たな警戒すべき悪者が現れ、新たな詐欺や、裏で糸を引く新たな黒幕が現れます。ですから私たちは常に油断せず、批判的な考えを持つことを学び、まっとうな疑いの目を持つ人間になることを学ばねばなりません。

激しい競争があって私たちは皆防御に努めていますが、熾烈《しれつ》な競争下では大抵、防御よりも攻撃のほうが少ない労力で素早く手に入れやすいものです。ですから私たちは負けるかもしれません。ＡＩイノベーションの次のラウンドでは、ＡＩの人を操る力が破滅的なものになるかもしれません。その可能性はあります。用心しなければなりません。

第4章 進化 ＡＩで人間は何者になれるか

――ケヴィン・ケリー

Kevin Kelly

1952年生まれ。著述家、編集者。1984〜90年にスチュアート・ブラントとともに『ホール・アース・カタログ』などの発行編集を行い、93年には雑誌『WIRED』を創刊。99年まで編集長を務め、サイバーカルチャーの論客として現在も第一線で活躍している。著書に『ニューエコノミー——勝者の条件』『〈インターネット〉の次に来るもの——未来を決める12の法則』『テクニウム——テクノロジーはどこへ向かうのか?』などがある。

最後にサイバーカルチャー界の論客たるケヴィン・ケリーに、包括的な話を聞こう。シリコンバレー文化の先導者とも言われる彼のフィールドは広い。一九八四年から九〇年までスチュアート・ブラントと共に伝説の雑誌『ホール・アース・カタログ』や『ホール・アース・レビュー』の発行・編集を行い、九三年には雑誌『WIRED』を創刊。現在も「ニューヨーク・タイムズ」などで活躍している。ユニークなテクノロジー観を持ち、それゆえに独自のＡＩ論も展開する。さらにＡＩの新たな定義、概念も生み出すという具合で、その斬新な言葉、表現で、多くのエンジニア、テクノロジーに関わる人々のメンタリティに多大な影響力を与えている。

しかし実は彼はもともと、素朴な、機械とはむしろかけ離れた「自然児」だった。若き日にヒッピー文化の洗礼を受け、バックパッカーとしてアジアを放浪し、日本にも長期間滞在したことがあるという過去を持つ。そうした異文化コミュニケーションの連続の中で育まれたケリーの感性は、単純な理系文系という二分法はもちろん、西洋と東洋という二元論も越えたところに息づいているように見える。こうした異色の編集者が今、ＡＩ時代の感性を編集するとどうなるのだろうか。そのとき、異文化と出合う、多様性と対話するということの本質が見えてくるのかもしれない。

人間の知性こそ、むしろ辺境だったのか。AIこそ包括的な知性となる？　テクノロジー進化の原理から、未来を展望する。

これから起きる二度目の産業革命

私はかつてヒッピーでした。二〇歳の頃に持っていたテクノロジーといえばカメラと自転車だけでした。その頃の私は、テクノロジーは人間性を奪うようなものだと思っていたのです。私とテクノロジーの関係性は長いことそんな感じでした。

一九八〇年代初頭になって、とても小さなアップルコンピュータであるApple IIeを手に入れました。旅の本を販売していて、その通信販売ビジネスを始めてみるために購入したのですが、コンピュータ自体にさほど興味はありませんでした。しかし、情報をプリンターに送るために安いモデムを手に入れて、電話線に繋げた途端、私の前に異なる世界が出現したのです。一九八一年から八二年は、一部の人々によってオンラインの世界が開かれ始めた頃でした。そのオンラインコミュニティという未開の地に私は夢中になり、そのとき私は初めてテクノロジーを人間味のあるものだと感じたのです。人々が電話線でつながったその生態系は、決して大きな工場のようなハードなものではなく、有機的でソフトなものでした。テクノロジーの違う顔を見たのです。そのときから、私はテクノロジーに興味を持つようになりました。

私は「テクノロジー」という言葉を一般に考えられているより広い意味で用いています。私にとってテクノロジーとは、人間の知性によって作り出されたもの全てを指し、石器からAIまで、全てがテクノロジーです。そのことを念頭において考えると、専門家はAIに、電力と同等のものを期待していると言えるかもしれません。電力は人間の手によって発明された大きなテクノロジーであり、世界を一変させました。この人工的な力を手に入れるまで、私たちには自然の力――自分か動物の筋肉を用いるしかなかったのです。例えば建物を建てるときに、自然の力だけでは建てられる高さにも大きさにも限界がありました。しかし手を使って行っていたこと全てに電力を使えるようになったことで、超高層ビルも大規模な鉄道も、車道も布地の生産工場も造れるようになりました。今や言うまでもなく、街全体がテクノロジーのおかげで成り立っています。

私たちはAIを使って再びこれと同様のことを行おうとしています。これまで私たちが何かをするときは、必ず自然の知能、自らの知性を使わねばなりませんでしたが、それには限界があります。ですから研究者はこれまで人類が自ら生み出したテクノロジーを活用して社会を作り上げてきたのと同じように人工知能を活用しようとしていて、その効果も社会が工業化したときと同じようなものになるでしょう。私たちの生活のほぼ全て、学校教育を含むあらゆる教育、スポーツ、経済、ファッション、すべては工業化の影響を受けてきました。私たちはそれと同じことを再びＡＩでやろうとしているのです。二度目の産業革命です。それは私たちの生活のすべてを変えて、影響を及ぼすことでしょう。これが私の期待することです。

ＡＩは「命の延長」であり、自ら創造するシステムだ

こうした考え方――カリフォルニアン・イデオロギーとも呼ばれる非常に楽観的な考え方には強い批判があることも承知しています。シリコンバレーの人々は、テクノロジーによって生まれた問題の解決策はさらなるテクノロジーに求められると考えています。「テクノロジーに問題があるなら、その解決策はよりよいテクノロジーにある。よりよいテクノロジーをもっと使うのだ」という具合に。これはテクノロジーを中心に据えて世界を見ているからこその考え方で、ほとんどの人々のそれとかけ離れています。これを多くの人々

は危険な考え方だと見ます。彼らはテクノロジーが問題ならば、テクノロジーの使用を減らすべきだと考えます。

しかし、社会の隅々にＡＩが行きわたることは時間の問題でしょう。ですから私はテクノロジーの流れを進化する一つの大きな生命体として考察しました。そして「テクノロジーはどこへ向かっているのだろう」と考えたのです。

この世界の生命の進化の歴史からわかっていることの一つに、生命は幾度も心を作り出してきたということがあります。私に言わせれば、テクノロジーは命の延長です。命が作り出されたのと同じプロセスでテクノロジーが作り出されているのです。テクノロジーも生物のカテゴリーの一部であり、自己強化する創造システムだと考えています。私はそのことを「テクニウム」と呼んでいます。ですから、命が幾度も心を作り出してきたように、そして多くの動物が心を形成しているように、ＡＩも心を持ちたがっているのです。人工的な心の誕生は避けられません。

その心の性質に関して、私たち人間は多くの選択肢を持つことはできますが、いずれにしても私たちはＡＩを持つことになるでしょう。一方、そのＡＩがどのようなもので、誰が所有するのか、どう規制するのか、ということには多くの選択肢があり予測はできません。ですが、私たちは選択できるのです。ここがポイントです。ＡＩを持つべきかどうかではなく、どのようなＡＩを持つべきかが問題なのです。

人間の知性も一つの類型でしかない

ＡＩを理解するうえで最も重要なのは、ＡＩは複数だということです。唯一の「ザ・ＡＩ」というものはありません。何百、何千もの異なる種類のＡＩが出てくるでしょう。私のパソコンにもあなたの車にもＡＩが搭載され、私の耳にも日英翻訳をする特殊なＡＩが装着されるでしょう。性質や能力が異なる、多種多様なＡＩが存在する。ちょうど今の世の中に、ただ一つの「ザ・機械」はなく、たくさんの機械があるように。私たちは「あなたの生活の中で機械とはどんなものですか」などという話はしませんよね。

ＡＩはそれぞれが異なる役割を持ち、異なる目的を持ったものになるでしょう。私は生活の中にたくさんの、多くの種類のＡＩがあるといいと思っています。機械と関わるようにＡＩと関わりたいです。私の生活の中には多くの機械がありますからね。

私たちはどの種類のＡＩがいいか、どのブランドのものがいいか、個人的な好みを持つようになるでしょう。私はアップルの翻訳機が好きで、それに対抗するのがアマゾン翻訳ですが、ポイントはどちらがよりよい翻訳をしてくれるかです。もしくは執筆を手伝ってくれるＡＩとも仕事をしたい。それによって私はそのＡＩをより深く理解することができますし、執筆という点においては、私の個性と通じる点もあるからです。私たちは多くの種類のＡＩの中から選択をするようになり、さまざまなＡＩが市場で競争をするようになるのです。さまざまな型の車やカメラがあるのと同じように、さまざまな型のＡＩが生まれるでしょう。

それは知性というものを考えなおす契機になります。現在私たちは人間の知性を汎用型、つまりあらゆる方面に行使できる中心的なものだと思いがちですが、それは間違っています。汎用型の知性などというものはありません。人間の知性はこの世界全体の知性のほんの一種にすぎません。地球に人間という一群がいるようなものです。かつては地球が全ての中心にあり、他のものは全て地球の周りを回っていると皆が信じていました。ところが天文学と望遠鏡の進歩により、地球は銀河系の一部で、しかも銀河の端っこにあり、その銀河も隅っこにあることがわかりました。広大な宇宙があって、地球はその片隅にあるのです。地球は中心ではありませんでした。

人間は知性の中心ではありません。人間の知性は単に一つの特定の種類の知性であり、片隅にあるものなのです。恐らく銀河全体に他のさまざまな異なる種類の思考があるのでしょう。人間の知性はあくまでその一種に過ぎないのです。

ＡＩで人間の性質も変わる？

ＡＩはとてつもない発明です。おそらく人間が作り出した中で最も強力な発明品でしょう。なぜなら人間そのものを変えてしまうからです。ＡＩによって私たちは変化し、社会も変化します。

科学的な研究から証明されていることですが、四〜五年を費やして読み書きを習得すると、脳内の回路が変化します。また、ペルーでの研究結果でわかったことがあります。あるコミュニティの中で同じ環境で生活をしている人に、読み書きを学んでいる人々と読み書きができない人々がいました。それぞれの脳波を調べてみたら、読み書きを学ぶことで脳が変化していたのです。

人の脳は知性と関わることで変化するのです。ですから幼少期からＡＩに関わると——例えばＡＩが搭載されている、会話ができるテディベアのぬいぐるみと育てば、その子の脳は変わるでしょう。それは人間以外の種類の知性とともに育つということです。今私たちの周りにある知性は他の人間の知性のみですが、何百もの他の種類の知性に囲まれて育てば、おのずと人間の考え方も変わります。

それはその後、代々受け継がれていくものでしょうか。受け継がれず、一から学ばなければならない類の知性や能力はもちろんあります。一方で、実は私たちの脳は徐々に少しずつ変化していて、世代毎の知能は高まっているという考え方もあります。ですから私は、周りにさまざまな種類の知能がある世界で育てば、人間の考え方も確実に変わると思います。自分をどう思うか、自分の概念も変わります。これが私たちを待ち構えている大きな変化です。

AIは私たちの倫理観の不完全性を映し出す

例えば今AIに関して多くの倫理的問題があります。

有名な「トロッコ問題」(「ある人を助けるために他の人を犠牲にするのは許されるか?」命の選択を迫る倫理学の思考実験)を思い出してみましょう。AIが車を運転していて、進行方向に歩行者が飛び出してきて事故が起きそうになったとき、車は乗客を守るべきか、歩行者を守るべきか。どちらを優先すべきでしょうか。これは決めなくてはいけないことです。人間が運転しているときは考える暇がありません。ですがＡＩを使うなら事前に考えておかねばなりません。

ＡＩに人間の倫理観を組み込むことはできます。実際、難しいことではありません。倫理観とはコードのようなもので、プログラムできるものです。「これがルールだ」とプログラムするのは難しくありません。問題なのは、人間の倫理観に一貫性がないことです。

私たちがＡＩによって気づかされたのは、人間の倫理観というものは実は大したことがなく、よりよい倫理観を持たなければならないということです。倫理に関するさまざまな問題の答えを見つけなければなりません。

ですからある意味、ＡＩは私たちの子どものような存在だと言えるでしょう。ＡＩは私たちをよりよい人間にしてくれ、私たちの倫理観をよりよいものにしてくれる。なぜなら一貫性のない倫理観には、もう私たちが満足できないからです。大変だ、あまりいいシステムを持ち合わせていないと、私たち自身が気づかされたのです。こうした文脈においては、人間よりもＡＩのほうが倫理的に優れた、一貫性のある存在になるでしょう。

実際、それがひとつの議論のテーマになっています。なぜ私たちはロボット兵を欲するのか。シリコンバレーのグーグルで働いている多くの人々は、ロボット兵を禁止したいと言います。ロボットの殺人マシンはいけない。ロボット兵もよくない。ですが実は、ロボット兵を欲する理由もあるのです。ロボット兵は戦争犯罪を犯しません。ＡＩがプログラムされた以外の行動を取ることはありません。ＡＩはある意味、人間より優れた兵士になるでしょう。その議論が、人間を殺すのはたとえ人間でもあっても許すべきではない、ありえないことだと私たちに気づかせることにつながって欲しいと思います。単にロボット兵を禁止したいというのは、人間が「ロボットが人間を殺す事態は避けたい。人間に人間を殺してほしい」と言っているようなものです。クレイジーです。

ロボットがすべきでないことは人間もすべきではありません。ですからある意味、こう思います。私たちはよりよい人間になれるし、ＡＩがよりよい人間になる一助となってくれるのだと。

テクノロジーの多様性が多くの選択肢を与える

現代社会に生きる私たちの多くは資本主義的なイデオロギーを持ち、進歩はよいものだと思っています。そのようなイデオロギーや価値観もＡＩによって変わるのでしょうか。

実際に起きる進歩はＡＩとともに続くでしょう。ＡＩが進歩を促進します。もちろん進歩のみに価値があるわけではありません。人間は他のものにも価値を認めています。進歩が現実的であり、ＡＩにより加速される一方で、人間の使命という点においてやらなければならないことは、まだ数多くあります。それはすなわち、よりよい存在になることと、よりよい、なりたい何かになることです。ですからＡＩが私たちをある方向に進ませてくれる一方で、私たち人間は他の分野でしなければならないことがまだたくさんあるのです。私の願いは……そうなると確信していますが、私たちがそれに専念できるように、ＡＩがより多くのツールや時間を私たちに与えてくれることです。

人間は一人ひとり、ユニークな才能の組み合わせを持ち合わせています。ちょうど一人ひとりの顔が違うように、能力の組み合わせも異なります。私たちの願いは、この世に生まれた誰もが生まれ持った才能を最大限に発揮でき、それを他の人々と共有できることです。これには新しいテクノロジーの発明が必要とされることが多いと私は考えています。

モーツァルトという天才が生まれたのは、当時ピアノが発明されていたからです。もしピアノが発明されるずっと前に生まれていたら、彼はジャガイモを作る農夫になっていたかもしれません。生まれながらの能力がありつつも、交響曲を作るチャンスすらなく死んでいったのです。ピアノというテクノロジーをまだ誰も発明していないからです。ジョージ・ルーカスも同じです。カメラが発明される前にジョージ・ルーカスが生まれていたら、彼の才能は無駄になっていました。

ですから、この世に生まれた一人ひとりにチャンスが与えられるよう、あらゆるテクノロジーを発明し続けることが肝心です。才能がある人が何らかの方法でその能力を使えるようにするのです。テクノロジーに関係する分野だけの話ではありません。バレリーナでも数学者でもいい。可能性を増やし続けることが重要です。もちろん、全ての子どもたちに飲み水や教育が与えられ、あらゆることに挑戦するチャンスが与えられなければなりません。

これが大きな課題です。ＡＩとテクノロジーは私たちにより多くの選択肢とより大きな可能性を与えてくれるのです。私たちがこれまで考えつきもしなかった可能性も含めて。これによりこの世に生まれた人間一人ひとりがそれぞれの才能を発見して、世界と分かち合えるチャンスが増えるのです。これは大変なことですが、ＡＩはこれを成し遂げる一助となってくれるはずです。答えを出すのは常に私たち自身です。

私たちは何者になりたいのか

現在、二〇一九年の時点で私たちは自分たちが何者かを知りません。人間とは何かという問いに関してあまりいい定義が見つかっていません。私たちは心の仕組みをよくわかっていませんし、何が私たちを他とは違う特別な存在にしているのかもよくわかっていません。私たちはＡＩやロボットを作ったり遺伝子を組み替えたりする度に、自分たちが何者であるかを定義しなおさなくてはならないのです。

かつて私たちは「車を運転するのは人間だけだ」などと言ったりしていました。自動運転車の実用化が迫る今ではその考えは改めなくてはなりません。「チェスができるのは人間だけだ」。今ではその人間の定義も変えなくてはなりません。人間が一番でもありません。つまりＡＩが新しいものを作り出す度に、人間とは何かという定義を変えなくてはならないのです。これが最初に起きることです。ＡＩは私たち人間が何者であるかを知るための一助となってくれるのです。そして、私たちが何者であるか、その定義が変わっていくようになります。ＡＩは、私たち自身が変わるツールを提供してくれるのです。そして最終的には、私たち人間が何者になりたいかを決める大きな手がかりともなることでしょう。

私たちは新たな自由を得て、実際に人類をさまざまな形に変えられるようになるでしょう。そのとき考えなくてはならないのが「私たち人間は何者になりたいのか」ということです。私たちは遺伝子工学的に、そしてＡＩの力を借りて、なりたい人間になる力を得るようになるからです。この質問には多くの答えが出てくることと思います。いくつものタイプの人間が出てくると思うのです。どんな人間になりたいか、その種類は多岐にわたるでしょう。

繰り返しますが、ＡＩは私たちが持つ価値観に照らして、自分たちが何者であるかに大きな影響を与えます。自分たちが何者であるか。どんな価値観を持っているか。自分たち自身をどう見ているのか。そして、どこを目指すのか。ＡＩの影響をより大きく受けるのはそのような部分です。

ＡＩでお金を儲けるのは簡単です。「そのお金で何をするのか」「そのお金がなぜ欲しいのか」といった問題に答えるほうがずっと難しい。ＡＩの出現による変化はそのようなところに出てくると思います。「一日中何をしよう」「なぜここにいるのだろう」といったことです。

朝起きたら何をしますか？　ロボットが農作業をしてくれるので、食物を育てる必要もないかもしれません。では何をしたいですか。その目的は？

本当の変化はこうした問題に答えなければならなくなるということです。「なぜ朝起きるのか」「なぜ働くのか」「なぜ何かを創出するのか」「その目的は何か」と。お金を稼ぐため？　そうです。でも新しいテクノロジーによって衣食住を得ることは簡単になり、それほど重要なことではなくなるでしょう。これから重要になるのは「なぜここにいるのか」「目的は何か」という、答えを出すのがはるかに難しい問題なのです。

補うだけでなく開発され手に入る新しい五感

ＡＩによる人間への影響はそれだけにとどまりません。

神経生物学者のデイヴィッド・イーグルマン（スタンフォード大学准教授）は「感覚置換」と呼ばれるものを発明しました。イーグルマンは、私たちの脳は自由に変形し、ある感覚を取り除いて新たな感覚を組み込めば、脳が自動的に再構成されることを発見しました。そこで彼は音を拾えるベストを開発したのです。その音は人間の皮膚上で増幅されるため、このベストを着れば耳の聞こえない人々は音が聞こえるようになるのです。彼らは皮膚を通して音を聞くわけです。

彼はそれをブレスレットに変えて、今では耳の聞こえない人々に販売しています。身につけると、皮膚と接している部分で音が聞こえるようになるわけです。彼らは実際に皮膚を通してあなたの話を聞けます。目の見えない人々にも同様の発明品ができました。また、味覚に関しても同様のことができます。皮膚を通して味わうという新しい感覚を持ちうるのです。そしてさらに彼は口に入れることで、舌でものを見られる装置を開発しました。舌で音を聞くこともできます。

つまり、ＡＩというテクノロジーによって新しい五感が手に入りうるのです。例えば、赤外線カメラか紫外線カメラを身につけると情報が皮膚に送られ、新しい周波数でものが見える能力を得られるというように。カエルやヘビのように周囲を見られるようになるのです。これはある意味、新しい種類の視覚のようなものです。

もしくは、こんなこともできます。ある人に常に北の方角だけを指すデジタルコンパスがついたベルトを渡してみました。北の方角が常に振動していて、腰で北の方角が感じられるようになっているベルトです。すると一週間で、その人は絶対に迷子にならないという新しい感覚を得られました。何が起きたのかはわかりません。これは道に迷わないという新しい感覚です。五感以外の新たな感覚です。これも私たちがＡＩを使ってできることです。

テクノロジーが私たちの食も変えていく

ＡＩが私たちの五感を変えるということに付随して、より身近な「食」の話を挙げてみましょう。単に体を持つＡＩの影響が最も早く出るのは、今は人間が行っているけれども実はやりたくない事柄でしょう。それがもっと効率的にできるようになります。

例えば、畜産業で牛の乳しぼりは大変だ、機械にやってほしいと思っている人も多いことでしょう。あるいは農業でも、種まきから収穫、除草など非常に骨の折れるプロセスが含まれます。ですから今日では「レタス・ロボット」と呼ばれるものがあるのです。それは精密農業と言えます。トラクターが農地を進むときにカメラの列があり、各カメラが小さな苗それぞれを見ているのです。そしてカメラはそれぞれの植物の位置から、この植物はこっちの植物とは違うということをひとつひとつ記憶しています。そうして、植物が健康かどうかをチェックします。そしてＡＩがそれぞれの植物に必要な水や肥料の量を判断し、適量を与える。必要以上をやることもないですし、足りないこともありません。これにより使う水や肥料などの総量が最適化され、すべての作物が最適に保たれるのです。この精密農業は農場経営者がやりたくてたまらないことでしょう。これが些細ながら容易な、

ＡＩを使ってできることの最初のステップです。

とはいえ、私は単に技術革新の話をしたいわけではありません。ＡＩの真価は私たちがこれまでは作り出せなかったものを作り出せる点にあります。ここシリコンバレーでは、動物を殺すことなく「肉」を育てる研究が行われています。動物の肉ではない肉です。この肉を作り出す過程は複雑で、どうやって細胞を作り出し並べるかをＡＩに導き出してもらわねばなりませんが、それを作り出すことができれば全く新しいものになります。名前は「クリーン・ミート」。動物を必要とせず、動物抜きで育てられた肉だからです。動物の肉よりも肉らしい味がしたり、より栄養があったり、さらにはそれぞれの人間の遺伝子に合わせてカスタマイズされた肉です。自分の遺伝子に合うように調整された、あなただけの食べ物を食べられるようになるのです。味も栄養も変わり、オーダーメイド型になるでしょう。もちろんその頃には低コストで作れるようになっています。

これがＡＩの使い方のひとつの例です。今あるものよりいいものを作ったり、もしくは今存在さえしないものを作り出したりするのです。これが食の分野でのＡＩの真価です。すでに私たちがやっていることをやるだけでなく、よりよい形に、そして今まで私たちができなかった新しいことをＡＩが始めるのです。

ＡＩには人間と異なる創造性がある

当初のＡＩのシステムは非常に単純なものでした。ですが今日存在するＡＩはすでにニューラルネットワークによって自分で判断を下すようになっています。彼らがどうやってそう判断するに至るのか、私たちにはわかりません。しかもあまりにも複雑な経緯のため、彼らは毎回同じ判断を下すわけではありません。複雑さの程度によっては、好みが出てくることもあるでしょう。

彼らは創造的にもなります。というよりも、すでに創造的になっています。ＡＩに創造性はないという考えは完全に間違いです。ポイントは、彼らの創造性は人間のそれとは違うということです。それが彼らのメリットです。彼らは人間と違う形で創造的だからいいのです。私たちは彼らに人間のように創造的になってほしいわけではありません。人間はすでにいます。彼らが人間と違う考え方をすることが富と進歩への原動力となるからです。

世界の全ての人間、全ての会社の成功の基本は「他と異なるやり方ができること」です。異なる考え方をし、異なるアイデアを持ち、新しいアイデアを持つ。ですが、七〇億人の人間が一日二四時間電話で繋がれている現状で、異なる考え方を持つのは非常に難しい。

一方で、AIは人間とは異なる考え方をします。それがAIとチームを組んで働く理由です。AIの創造性が人間とは全く別のものだからです。AIは、先に触れたように「テクニウム」と私が名づけた、機械独自の論理、機械固有の創造性を持っています。

「アルファ碁」に負けた囲碁チャンピオンのイ・セドルは、第三局の三七手を素晴らしく独創的な一手と称しました。この対局はその後の人々の囲碁の打ち方を完全に変えました。単に独創的なだけでなく、人間とは全く違う独創性により、全く新しい囲碁の打ち方を示したのです。それによって囲碁は進化しました。人間とは違う考え方、違う独創性を持つAIのおかげで、今までとは違う打ち方が生まれたからです。私たちはチームとして、AIの独創性を利用できます。現在、世界最高のチェスプレーヤーはAIではありません。人間でもありません。人間とAIのチームです。

囲碁の世界でも同じことが起きるでしょう。最高の棋士はアルファ碁でもイ・セドルでもありません。両方が一緒になったチームです。それが最強です。あるいは医療においても、診断にあたり最高の診断医、最高の存在となるのはAIの医師でも人間の医師でもなく、両方が組んだチームです。双方が違う知性を持ち、異なる考え方をするからです。

XAI——AIに意識が生まれるとき

囲碁などの勝負や疾患を治療するという医療の分野においては、その創造性は目的に向かって計算された解決策のように思える方もいると思います。そして、創造性とはもっと広く深いものだという考えもあるでしょう。

人間や機械——AIのより複雑な創造性について考えると、私たちが意識と呼んでいるものにとても近いものにたどり着きます。私たちは意識が何かわかっていません。あなたに意識があることを私は証明できません。何の確たる定義もありません。ですが私たちはそれが何か、頭ではわかっています。

創造力という能力はハイレベルなもので、何かを欲しいと決断したり、存在しないものを発明したりすることは現段階ではAIにはできないと多くの人は言いますが、AIにできない理由は実はありません。

思うに意識は知能と同様で、バイナリー（二進数）ではありません。意識があるか否かではないのです。意識にはさまざまな程度があり、そしてさまざまな種類があるのです。ゴリラにはある種の意識がありますが、ゴリラの意識は人間のそれと全く同じではありません。少し異なります。イルカやクジラにも意識があるでしょうけれども、やはり私たちのそれとは少し異なるでしょう。恐らくさまざまなタイプ、さまざまな程度の意識があって、私たちはＡＩ研究によって新しいタイプの意識を発明することになるのです。

実際、私たちは自意識がない点を売りにするＡＩをたくさん作るようになるでしょう。あなたの車を運転するＡＩに自意識を持ってほしいでしょうか。車に自意識は邪魔です。私たちはＡＩにただ運転してほしいのです。ですから私たちは製品として、自意識がない点を宣伝するでしょう。

逆に、意識を持たせたい種類のＡＩもあるかもしれません。違った形で指示を出したり、創造性を発揮したりするためにです。現状では不可能ですが、これからできるようになります。意識とは私たちがプログラムできるもので、まずは説明ができるようにするところから始めることになります。先程も言ったように現状、今あるＡＩの判断の根拠はわかっていません。ＡＩが自分で説明できないのです。

これに対し、Moose Militaryという会社が出資したＸＡＩ（説明可能なＡＩ）という名のプログラムがあります。ＡＩがなぜその判断をしたか説明できるようにする、何らかの方法を作るためのプログラムだと言います。どのようにするかというと、新たなひとつのＡＩに、別のＡＩを監視させるのです。つまりあるＡＩの仕事は別のＡＩを監視して、その

ＡＩが何をしているかを説明するのです。それが意識の始まりです。

私たちの頭の中の意識の構造はそのようになっています。つまり私たちには一種の認識力があり、自ら何が起きているかを監視し、それを説明しようとしているのです。ですからＡＩの意識を形成する際にも同様の方法を使います。あるＡＩがもう一方のＡＩを監視することで、その行動を説明するようにするわけです。こういった種類の意識はプログラムすることが可能です。それによりＡＩに一種の目的が生まれ、その創造性をひとつの方向に向かわせることができるようになるのです。

異質なものと出合う衝撃は何をもたらすか

さて、このようなＡＩと私たちが出合うというのは、一体どういうことなのでしょうか。

今私は大きな写真集を作っています。“Vanishing Asia”という、消えゆくアジアの伝統に関する本です。儀式や服装、伝統、祭り。トルコと日本の間にある国々の話です。私は四〇年間、アジア各国で写真を撮ってきて、全ての国々を回って記録しようとしてきました。消えゆく伝統を記録したかったのです。

私は年に三、四回はいろいろな土地に行きます。初めて日本を訪れた頃のことを少しお話ししましょう。

私は大学を中退しています。一年通いましたが、性に合わなかったのです。当時、台湾で中国語を学んでいる友達がいました。彼が「僕が台湾にいる間に来てくれれば案内してあげるよ」と言ってくれました。当時私は、ニューイングランドから出たことさえありませんでした。

それで一九七一年に台湾に行きました。それは、私にとっての大学でした。私にとって全くの新しい世界だったのです。それまで中国料理を食べたこともなかったし、箸を持ったこともありませんでした。何も知らなかったのです。皆が世界各地のさまざまなことを知っている今日とは違います。私は旅行もしたことがなくて、日々新しい世界が開けて圧倒されました。それから日本に行って五か月間ヒッチハイクをしました。それまでとは何もかもが全く違いました。当時、半年近く日本の田舎にいて、外国人は一人も見ませんでした。ですからたくさんのものに触れられました。

再訪する度に新しいことを学びました。今でも旅に出る度に考えが変わります。訪れる度に考えが変わるのです。私にとってアジアは最大限に異質なものでした。あの異質さとの出合いで考えが変化し、とてつもなく強烈な学びの体験となりました。ヨーロッパに行くのもいいですが、あれほど劇的な体験はできません。アジアでの経験はとてつもなく強烈なものです。先日もインドに行きました。インドは何度も訪れています。それでも行く度に学ばなければならず、考えを改めなければなりません。新しい考え方が身につくのです。だから私はアジアに行くのです。

ＡＩとの出合いでも大切なのは、それが〝異質〟だということです。ＡＩはとてつもなく強烈な存在になるでしょう。なぜならこの惑星は他とは違う――どう他と違うかはわかりませんが――おそらく人間が他の全ての知性を全滅させた独特の環境を持っています。ネアンデルタール人など、かつては他の種類の人間そっくりの生き物や思考があった。人間と交配もしたでしょうが、結局は絶滅し、人間と他の動物しかいない状態になった。人間と動物の間の生き物はいません。ですが、これからその間をさまざまな種のＡＩで埋めていくのです。常に〝異質〟な生態系ができあがるのです。それは常に私たちに学びを強要するでしょう。新しい考えを持ち、それまでと異なる考え方をするよう迫るのです。私がアジアで経験した衝撃の数万倍のような状態です。

人間は何者になることができるのか？が究極の問いになる

私たちにはとてつもない難問が待ち構えています。社会全体で取り組まなくてはならない難問です。私たちは何者になりたいのかを決めなくてはならないのです。

私たちはあらゆるものになれる力を持っています。

私たちは人間を何者にしたいのでしょう。これは答えるのがとてつもなく難しい問題です。成長途上の子どもに「将来何になりたい？」と聞くようなものでしょう。子どもは一生をかけてこの答えを出します。「何になりたい？」「まだ考え中です」。答えるのが非常に難しい問題です。AIは答えを教えてくれません。その答えを出すにあたり、私たちが使うツールがAIなのです。何度も繰り返しますが、答えを出すのは私たち自身です。

良い人間の条件とは。良い人間とは何でしょうか。良い存在とは何なのでしょうか。それがわかるまでには長い時間がかかります。たくさんの意見の相違が出てくるでしょうし、答えもひとつではないかもしれません。「こうなりたい」と思う人間もいるでしょうし、「人間にはこうあってほしい」と言う人々もいるかもしれません。

ある意味、私たちは種としては子どものようなもので、成長して思春期を迎えて「よし、そろそろ自分たちが何者なのかを決めなくては」という段階にさしかかっているのかもしれません。今は自分たちが何者であるかを見つける段階で、自分が何者かを理解したら、次の段階で自分を何者かに創り上げなくてはなりません。それはとてつもなく難しいプロセスです。ＡＩはこのプロセスにおいて私たちの一助となってくれますが、私たちの代わりにこのプロセスを担ってくれるわけではありません。これこそが、ＡＩ以後の世界を生きる私たちの務めなのです。

終章　「逆転の発想」がもたらす視界

（丸山俊一）

常識か呪縛か？　ＡＩが私たちに認識の転換を迫る

人間は習慣の生き物だ。日々ある環境の中、同じ行動を繰り返し過ごすうち、それがいつの間にか当たり前に、「常識」になる。ネクタイを締めスーツを着て満員電車に詰め込まれて職場へと向かう日々、その行動を繰り返すうちに何の違和も感じなくなり、それがすなわち働くことだと身体に染み込んでいくように。だが時に他者から、それが単なる思い込みだと指摘されると、今度はその日常への懐疑が生まれ、それが鎖のように思われて、「呪縛」と意識し始める……。「常識」か？「呪縛」か？　それを決めるのはあなたの「意識」であり、その生活の背後には文化というコードの存在があり、社会の力学がある。そういう言い方もできるのではないだろうか。

ＡＩの登場、社会への浸透は、実はこうした「意識」の転換ともつながっていると言っても過言ではない。ダイナミックな思考の転換の可能性をもたらすのもＡＩ登場の重要な意味だということが、本書に登場した四人の言葉から実感していただけたのではないかと思う。この「新たな知能」の誕生は、人間の認識の可能性と限界を浮き彫りにせずにはおかない。ある人間観を無意識のうちに前提として組み立てられている世界の「常識」が変わるということ。それは社会的な関係性の変化にもつながっていくことだろう。

「世界は数式で表現できる」と言うテグマークに倣《なら》えば、力学的な法則を組み合わせることでこの世界の現象は記述できる。一方で日々私たちの生活を取り巻いている「重力」は、ある種の「安定」「秩序」をこの世界にもたらしているが、同時にそれはオセロゲームのように「呪縛」「抑圧」とも反転する読み替えができる。この「重力」がなくなった世界はどうなるのか？　自然科学の領域で考える途方もない夢のように思えることが、いつの間にか社会の構造や人間の認識、さらに心の領域で起きているとしたら……？　奇《く》しくもデネットは「デカルトの重力」という表現を好んで用いるが（それについては後に詳述する）、ここは虚心坦懐に現実の変化を見つめ、未来への想像力を豊かにしていく他ない。

「ＡＩ以後」。ここでは、まず本書の冒頭に掲げたいくつかの問いをめぐって、四人から発せられた言葉を比較し、つなげてみることで生まれる展望を整理してみよう。

ＡＩとは何か？――情報処理の能力で人間に並ぶ機械

人間の知能を模倣し、人に代わる働きを行うことを目指す技術、人工知能＝ＡＩ。知能を「目標を達成する能力」と定義するテグマークは、情報処理という分野に限れば、人間よりはるかに高度な知能を持つＡＩを生むことは十分可能だと語る。ウォラックもその点は否定しない。しかし、ＡＩを「不完全な鏡」に喩《たと》え、鏡は私たち自身と人工物との違いを映し出すとほのめかし、その大きな違いの一つが「私たちは自ら規範を決める」ことだと指摘する。デネットはさらに過激だ。ＡＩの知的な能力は、「自律性」と言えるところまで高まる可能性があるが、その「自律性」は人を「あざむく」ことと背中合わせだと言う。そしてケリーは、その自律的な動きを「テクニウム」と名づけ、機械独自の論理として捉えるべきだと指摘し、その可能性を提唱する。

ちなみに、「人工知能は人間の最後の発明になる」というニック・ボストロム（オックスフォード大学教授）の言葉がある。つまり「人間の知能の模倣」が完璧に行われれば、結果、その知能は人間より優秀な成果をあげ続け、ある意味、人間は考える必要がなくなるというわけだが、その段階まで行くのかどうか？　それについては四人とも微妙な見解の相違がありそうだ。

人間の代わりに、ある目的に基づく情報処理をしてくれる存在、高度な人間以上の情報処理能力を持つ存在であることについては共通する理解のベースを持つ四人だが、そこに「自律性」という概念を持ち込んだ途端に、かなりデリケートなニュアンスの相違が生まれるのだ。そのことは次の問いへの答えの差異にも現れている。

AIはいかに進化する？——「意識」から「自律性」へ

テグマークは、今必要なのは理解可能で信頼できる、明瞭な知性を持つＡＩだと語る。そしてそのためには、知能が何かということについて、まず皆がより深く理解することが大事だとする。そうしたプロセスを経て、情報処理への理解、検証、信頼の精度を高めれば安全対策も十分可能だと展開する彼のロジックは、「情報」という言葉そのものの定義を広く捉え、さらに更新しようとしているかのようだ。情報が脳やニューロンで処理されるのか、テクノロジーのシリコン分子で処理されるのか、それ自体は問題ではないとすら言う彼は、最終的に「意識を持つＡＩ」と「意識を持たないＡＩ」とを作り分け、前者を管理することまでできると言う。テグマークにあってＡＩの進化とは、すなわち情報処理の高度化である。

しかし、ウォラックとデネットは、テグマークの「ＡＩをコントロールできる」という楽観論に否定的であり、ＡＩの進化という問題については、より慎重な姿勢を示す。特にデネットは、ＡＩは一見、人間の側から「意識」のように見えるものまで獲得する可能性があるが、本質的な「意味」を理解できないＡＩは　決して人間のようになれないと断言する。あくまで「ように見える」だけなのだ、と。ＡＩが「自律性を持つ」ということは、ＡＩが人間を「あざむく」ことも覚悟しなければならないと言うデネットは、人間に生まれるある種の擬人化による錯覚に注意を促す。

テグマークが提示する世界観の中で最終的に浮かびあがるのは、実は、意識の問題だ。それすらも、現在進みつつあるジュリオ・トノーニ（精神科医／神経科学者）の「統合情報理論」の成果で解明される可能性が高いと言う。こうしたテグマークの楽観的な見方にデネットは否定的だ。あくまで情報処理の一環として意識を考えようとする宇宙物理学者に、心の哲学者はストップをかけるのだ。

両者の相違を理解するのに、ひとつ大事なポイントは、「自律性」の定義の違いだ。「自律性」を持つことと「意識」を持つこと、この二つの間に関係はないとまで言うテグマークだが、デネットは、「意識」から連続的に生まれるのが「自律性」であり、さらにその連続性こそが、ある意味、人間が獲得した心というものの性質だと考えるからだ。このあたりは、まさにＡＩ時代に人間の認識、意識、思考の本質をどう考えていくべきか、知的好奇心をかきたてられる大事なポイントとなる。そしてこの核心をデネットは「進化論」から説き、さらに、こうした楽観派、悲観派の間に入るように「テクニウム」という独自の概念で、ＡＩのオリジナルなリアリティを捉えようとするのがケリーである。

ＡＩを生むに到る原点「啓蒙思想」の功罪

テグマークが導くこうしたスリリングな議論に、やんわりとブレーキをかけつつ、人間とＡＩの共存の知恵を示そうとするのは、ウォラックだ。理性という概念に光をあて、まさに理性に人間の可能性を見いだそうとしたヨーロッパ一七世紀の「啓蒙思想」の時代にまで遡《さかのぼ》ることで見えてくるものを明らかにしようとする。実際のところ、近代文明の行き詰まりが資本主義、民主主義などの理念についても叫ばれる時代にあっては、当然とも言える立ち返り方なのかもしれない。そして産業革命以来の技術競争による発展の果てにある、現在の繁栄と混迷。「啓蒙」とは理性という礎《いしずえ》を信じることで、人間の主体性なるものをそこに見いだし、さらに主体性から導き出される「意志」を尊重し、人間の力の再発見を試みた壮大なプロジェクトだったとも言えるわけで、そのフレームでＡＩ時代を捉えようとするとき、精神と物質を分けることで成立した二元論的な世界観との折り合いはつけにくいと考えるのだ。

啓蒙思想によって、科学的な思考、専門化、細分化を突き詰めた結果が、現在の状況を招いたのか？　この点については、中世の教会による信仰の時代に異議申し立てを行おうとした、近代主義者たちの思想の内実をもう少し丁寧に検証せよ、というのがウォラックの説くところだ。彼らは、自分たちの思想運動が現代社会の基礎を築くことになるなどとは思っておらず、科学が何を生み出すことになるのかも知る由がなかったのだから、と。そして、民主主義の基礎を築いたこと、神が中心の世界観ではなく個人に焦点を当てる価値観を生んだことにも気づいていなかったはずだ、とも語る。

AIは近代主義を越える幸福の形を私たちに迫る

デカルト、ロック、ホッブズらが打ち立てようと格闘した理念が啓蒙思想の礎を築き、中世からの脱却をもたらし、近代的な個人を生んだ。そしてそれは輝かしい民主主義、科学文明と呼ばれる成果となったわけだが、同時にその理念がジレンマを招いたという影の部分にウォラックは注目する。こうして「近代」という時代が開いた可能性と限界を吟味することで、道徳、倫理、理性、感情、共感……様々な概念に揺さぶりをかけていく。

そして、そもそも、道徳を私たちは日常的に共有できているか？　そこに共通する価値観を見いだそうとすること自体の難しさを指摘する。そこから生まれる「主体」的判断、

「主体」による「意志」、さらにそれを可能にしている「意識」などへの懐疑を口にする。そして実は、そこに「感情」という、「理性」とは一見対極にあるとイメージされる存在を、丁寧に深く捉え直すことを提案する。感情を封じ込めることこそが倫理的な生き方であるとの思いがむしろ時に「呪縛」となる私たちに、逆説を突きつけるのだ。すなわち、感情なくして理性の存在は実感できないし、道徳も考えようがないのではないか？ と言うのである。

こうした歴史性を踏まえずして、人間の幸福も語れない、とウォラックは考える。精神と物質という二元論を越えて考えるべきときが来たというその主張も、彼の経歴と重ねると、そう不思議ではないのかもしれない。インド放浪などを経験し、自宅で仏像などに囲まれて語る彼の姿は、ひとまずの紋切り型で整理するなら、「西欧的二元論」の功罪を受けとめつつ、「東洋的心身一元論」の可能性を今にも口にしそうなのだ。

そして同じく、若き日に東洋を放浪したケリーの機械観もそこに重なる。彼が生んだ「テクニウム」なる概念は、生命体の論理を拡張して、機械の作動の中にも独自の論理、拡張の方法論を見出だそうとするものであり、独自の「意識」をそこに認めようとするところまで、その想像力を及ばせているように見える。

「道徳」「倫理」を経て「感情」の問題へと迫ろうとするウォラック、「テクニウム」を踏まえて、人間／機械を越えた「意識」の多様性に目覚めよと主張するケリー。いずれにせよ、この三〇〇年あまりヨーロッパで生まれ世界へと広がった「近代主義」「啓蒙思想」は、理性というフィクションを構築するための壮大な物語でもあったと見なすのがこの二人だ。そして、その近代主義も、古代ギリシャの時代まで視野に入れた歴史のスパンで捉えるのならば、実は再「構築」であったという見方もできるわけで、その意味では、さらなる再々構築の物語を模索する時期が今なのかもしれない。

AIの自律性をどう考えるか

さて、そこに残されるのは、「AIの自律性とは？　その自律性とどう付き合うか」という難しい問いである。これについてはデネットの着眼点に、少し丁寧に寄り添ってみる必要がありそうだ。

インタビュー内にも登場するデネットの著書名は『心の進化を解明する――バクテリアからバッハへ』。その書名自体が示すように、「進化論」と人間の心の誕生の関係性を明らかにしようとするものだ。一見するとAIがそこにどのように関わるのか、と不思議に思われそうなものだが、ここまで読み進めてくださった皆さんにはもう明らかなことだろう。森羅万象、すべての生命体が進化の歴史の中で培ってきた様々な認識の形。そこに思いを馳《は》せずして、ＡＩが模倣することで照射される私たち人間という特殊な存在の認識のユニークさを捉えることもできないというわけだ。

先に明言しておくと、デネットの思考を盲信しようというわけではない。しかしここからしばらくはあえてその言説をフラットに読み解くことで、その「可能性の中心」を考えてみたい。

「意識とは何か？」という問題提起に対し、デカルトに代表される啓蒙思想以来のこの現代文明の中に息づく価値観、文明観を相対化し、「逆立ち」した人間観、文化観を打ち出すのがデネットだ。果たして近代が生んだ科学技術文明、合理的思考とは、何だったのか？と。

デネットはその点について、様々なレトリックを援用して回り道を楽しみながらも、実はそのスタンスは明快だ。物質と精神という古典的な紋切り型の二元論の図式から身をかわし、ウォラック同様に啓蒙思想の罪を指摘しつつ、さらにそれを「デカルトの重力」という言葉で端的に表現する。すなわち「我思う、ゆえに我あり」という、デカルトの思想の核心にあるとされるテーゼ、そこでは、「思う」我と、「思われた」我が存在し、ここから精神と肉体という二元論に言い換えられる。そしてそのとき、僕らはその二元論の図式に縛られてしまう、という指摘だ。

脳と心の二元論を越えて

実は、一部の科学者の間でデカルトは、脳と心を分ける考え方を広めた「罪」で、一般的に評判が悪い。確かに多くの科学者は、脳を生物学的に中心となる情報処理装置と見なし、心の存在を否定する。またその一方で人文学系の研究者たちは往々にして、心をそれ自体として存在するもの、物理的な存在ではなく精神的な存在として措定してしまう。すると、そこに心のない物質としての脳が、あるいは、脳がない精神としての心が、それぞれ生まれてしまう。不毛な二元論がそこにある。心と身体。両者を二分して実体化させ、心が身体を動かしていると考えた瞬間から、永遠の心探しが始まる。マトリョーシカのようにどこまで行っても、心の実態はつかめないことになってしまう。

もちろん、だからと言ってデカルトを経由しない「心身一元論」に返れ、などと再び素朴なメッセージに歪曲することには注意深くあらねばならないことはデネットも承知しているはずだ。だが、この「重力」から自由になって思考してみる必要性について、私たちも少し丁寧に考えてみたほうがよいだろう。

心臓移植の手術では、誰もが提供する側ではなく受け取る側になりたがる。しかし、脳移植手術の場合は逆に提供者になりたがる。自分は身体ではなく、心とともにあると信じているからだ。（中略）ただしそう言えるのは、神経系だけでなく身体全体の情報を送れる場合のみである。自分を身体から引きはがそうとしても、哲学者が想像するほどきれいさっぱりと切り離せない。身体には、自分の大部分が含まれている。意義、才能、記憶、気質など、いまある自分を形づくっているものの多くが神経系に含まれているのと同様、身体にもたくさんつまっているのである。

（ダニエル・C・デネット『心はどこにあるのか』）

移植手術にまつわる皮肉。既に二〇年以上前に著されたデネットの言葉の中に、実にわかりやすいレトリックが登場する。まさに私たちが「無意識」に脳中心の身体観、自己認識に陥っているかを明らかにする喩えだ。「身体にもたくさんつまっている」ものを見逃し、脳を自らの司令塔とみなしてしまう「勘違い」。それは、単なる「脳化社会」への批判ではなく、大きな視点の転換を促す。

今この「近代」化が生んだ世界では、脳の存在は最も重視されるものであり、その「有能性」も言うまでもなくどれほど強調されてもおかしなことはない。今日も、私たちは脳を機能させて、複雑な現代社会の様々な問題の解決策を「合理的」に探そうとする。私自身、今この文章を皆さんに届けようとするとき、できる限り平明かつ知的な興味を喚起すべく、多くの役割を脳に担ってもらいながら、記述を行っている、はずだ。

だが、今こうして、ディスプレイに言葉が定着していく過程の「すべて」を脳が決定しているわけではないのだろう。パソコンのキーボードを叩いている手が、喫茶店に流れる音楽や、隣の席でのおしゃべりが振動させる鼓膜が、座っているテーブル、椅子などが身体に与える感覚が……どこまで「意識」にのぼっているかどうかすらも、おぼつかない。「無意識」が一体どんな影響を与えているかは、「意識」では計り知れないからだ。そもそも、今日の体調は……？　私たちの身体の中にある「無意識」の海は深い。

そして蛇足ながら、今記述したばかりの「意識」／「無意識」という「二分法」も、脱構築されるべきなのかもしれない。こうして言葉、文章、概念として皆さんとひとまずの

「情報」共有をするための二元論は、いつも「捨てるべきハシゴ」なのだ。それは、いつも物語というフィクションの形態をとっていることは、頭でわかるだけでなく、肝に命じねばならないだろう。

「理解力なき有能性」というパラドックス

さて、こうしたフレームで私たちの存在を捉えなおすとき、どんな視界が広がるのだろうか？　一千億に及ぶ神経細胞ニューロンの塊である人間の脳。電気信号がニューロンからニューロンへと行き交うことで、様々な情報処理が行われる。今期待がかかるディープラーニングは、この脳の構造をヒントに模倣したものだ。

では、ＡＩ研究においてもその構造の解明に大きな期待が寄せられる脳という存在は、生物の進化の歴史の中で、一体どう位置づけられるのだろうか。ここでも心の進化について研究してきたデネットの言葉を参照してみよう。

脳（つまり心）は数多い臓器の一つであり、比較的最近になって支配権を握ったという考えである。つまり、脳を主人と見なすのではなく、気難しい召使ととらえ、脳を守り、活力を与え、活動に意味を与えてくれる身体のために働くものだと考えないかぎり、脳の機能を正しく理解することはできないのである。

（同前）

人は脳のみに生きるにあらず。「気難しい召使」は、とても重要な、知恵ある助言役と言い換えても差し支えないと思われるが、最終的な決断者は、身体総体なのだ。そして、こうしてできあがってきた身体が、私たちの人類の進化の歴史の延長線上にあることに気づけというわけだ。知恵ある助言役を生むことになったのも、進化を目指して、脳が得意な「設計」を行ったわけではなく、環境変化への「適応」による、あくまでも結果であったことを、まさに腹に落として理解してほしいというのが、デネットの主張だ。

そしてさらに面白いことに、それは、現代のAIにおけるディープラーニングの解析のプロセスにブラック・ボックスがあることとも符合している。人間の計算能力とは比較にならないスピードで計算処理、演算の可能性を追求するAI。そこでは、処理のプロセスは追えない。数十〜数百次元のレベルで処理＝「判断」するディープラーニング技術による機械が出した答えを、その回答へと至った過程を、数次元でしか思考できない人間には理解できないのだ。まさにあくまでも「適応」の結果として、人類が今、こうした意識構造の存在としてあるように……。それがダーウィンの進化論とチューリングのコンピュータ理論を重ねて考えることで、この世界を「逆さま」に見ることを提唱する話へとつながるのである。

本文にも登場する「理解力なき有能性」は、デネットによる、人類とＡＩの存在を結びつけるキーワードだが、これは、ある意味、真の〈他者〉理解、〈多様性〉の追究を想起させる。つまり、異質な他者と出合ったときに、自らの恣意的な文脈に位置づけ、恣意的な翻訳によって自らの内部の論理で理解しようとするのではなく、ある意味「異」は「異」として宙吊りにしたまま、「わからない」ものを「わからない」としたままで、付き合っていくようなセンスだからだ。

実際、デネットのＡＩに対するスタンス、心の哲学の本質を伝えることは本当に難しい。それは突然自転車に乗れるようになった人が、どうして乗れるようになったのか？を言葉にして他者に伝えることに似ている。さっきまで乗れなかったときの試行錯誤、あくまでその結果として乗れるようになった自転車。人は一度乗れるようになってしまえば、むしろうまく乗れなかったときの感覚に戻ることは難しいものだ。「理解力なき有能性」は、

「自転車の乗り方」という説明書なしで自転車に乗れることだとしたらどうだろう? 説明書なしで、身体全体で獲得した技術を、あらためて脳内の情報処理による言語化で、説明書を書き下ろすようなまどろっこしさ……。

単に、まどろこっしいだけならまだよいのかもしれない。実は身体全体の器官から感知して実現したものまでも、すべて脳による成果と「勘違い」しかねないのが脳の特徴のようだからだ。誤った「自転車の乗り方」というガイドをまとめてしまう可能性が高い。「能書き」はいいから……という言葉もあるが、「脳書き」とでも当て字したくなる。しかし、こうした倒錯が実は社会各所に起こりかねないことが、現代の脳化社会の複雑なねじれのように思えるのだ。

未来を想像してしまうことの功罪

デネットの言説を中心に、言わば「逆立ち」するような感覚で、現代の私たちの立ち位置を再考し、「AI以後」をイメージしてきたわけだが、ここで今一度、注意深くなるために、テグマークの問題提起へと帰りつつ、展望を深めよう。

「意識」とは何か? AIが「意識」を持つとは、どういうことなのか?

ここで私たちが大事なのは、真か偽かだけを想定する二値論理に取り込まれてはならないということだ。「意識」というものは、「ある」「ない」とそもそも明確に定義できるものではないのではないだろうか？　デジタルに0と1で定義したとしてもあくまでも便宜的であり、それは「連続」的なものなのだ。バクテリアからバッハまでが「連続」するように。確かにバクテリアに自己の「意識」はなく、人間には自己の「意識」がある。便宜的、一般的に語るには、その通りだ。しかしそれは、現在の進化の段階における人類、人間という存在が獲得した「意識」の一つの形なのだ。もちろんそれはある意味高度な文明の達成とも言えるが、それとはまた異なる意識の形も存在する。世界に存在するすべてのものの中で最高の「意識」を人間が持っているとは断言できない。私たちは、皮肉なことに今、AIと出合うことで、自らの内にある人類の、生命の歴史、さらに身体が持つ歴史の記憶の中に眠る感受性について考えることになる。

そこで本文でも登場する、ミームという概念とも出合う。

一般的に人間と動物とを分かつのは、未来を想像する能力だと言われる。確かに人間は現在を認識するのに、過去の記憶を用い、さらにそれを経験として物語化することで、未来を想像する。そこに自己が存在する。「意識」を持つのだ。現在の状況から離れ、どこまで過去に遡り、さらに未来をイメージできるか？　それ自体が、自己「意識」の鍵となる。

そしてここで今一度確認しておくと、四人の知性の見通しにおいては、人間が行うレベルの未来への対応については、「意識」あるＡＩは誕生する、あるいはその定義をさらに限定的にするならば、既に誕生し一定の役割を果たし始めていることになる。もちろんそうした作動に「想像」という言葉を用いるかどうかには、慎重でなくてはならないのだが。

連続性ある「意識」はいつの間にか独り歩きする

啓蒙主義による近代化、それが生んだ産業革命以来、技術とどう付き合うかは、私たちの社会の大きな課題だ。それは資本主義の成長の原動力だが、同時に雇用を奪い、さらには社会の構造そのものを変えてきた。技術の導入の仕方、付き合い方は、ここ二五〇年ほどの間大きな課題であり続けたこと、そして今現在もそうであることにはもちろん間違いない。しかし、その問題の解決を「大脳の情報処理」のみに頼り、パズルのように解こうとするとき、ある陥穽《かんせい》も待っているように思う。すべてを賢《さか》しらに「合理的」に設計しようとし、パノラミックな視点を獲得したと思い込むときから、錯覚による不幸が始まるのは、残念ながら人類の歴史が証明するところだ。「脳の情報処理」という山の頂上からの見晴らしを保証しているのは、それに至る進化の歴史であり、その山の土台を構成しているのは文化の積み重ねなのだから。

それにしても言い得て妙なる表現「気難しい召使」＝脳のご機嫌を、一体どうとるべきなのか？　ともすれば、脳をすべてのコントロールの主体とイメージするがあまりに行き過ぎた「脳化」社会にあって、「気難しい召使」という絶妙な配役を既に二十年以上前に割り当てたデネットは、どうやら今もそのスタンスに変わりはないようだ。過度なＡＩへの依存を警戒するデネット。そしてそれは、日常のほんのわずかな思い違い、感覚の鈍化から生まれると警告する。人間と機械の境界線は、少し気を許しただけで揺らいでしまうというのだ。

実際、日々の生活の何気ない様々な場面にその予兆はある。検索でたまたまヒットした言葉が、自らの潜在的な想いの表出と素直にも思い込む心性、ウェアラブル・ウォッチに計測される生活データの数値を自らの体感より信用してしまう心性……。ビッグデータ時代、デジタル時代、さらに言えばマーケティング全盛時代の論理は「数値による可視化」を絶対視することで、私たちは、既に「データ」に支配される倒錯の世界を生き始めているのかもしれない。デネットはさらにこう語る。

私が思うに、真に危険なのは、私たちよりも知的《インテリジェント》な機械が、自らの運命の指導者としての私たちの役割を横取りするようになる、という未来ではなく、むしろ私たちが自分たちの最新の思考道具の理解力《コンプリヘンジョン》を過大評価し、それら思考道具の有能性《コンピータンス》を超えた権威を、機が熟すよりもずっと前に、思考道具たちに譲り渡してしまうという未来である。

(ダニエル・C・デネット『心の進化を解明する――バクテリアからバッハへ』)

擬人的な存在に勝手に感情移入してしまい、ある種の親しみを覚えてしまう人間の持つおめでたさが、人類史的な危険を招く可能性すらあること、致命的なものになることを恐れることをデネットは警告する。それは自覚をどう持つかという、それこそ精神論では足りず、ＡＩ自体に「ワタシを信用し過ぎないでください」とメッセージさせるような機能を持たせることまで考えるべきだとも言うのだ。

脳による設計だけでは「適応」できない社会の到来

やはり人間は目の前の存在、日常的に接する存在に自己イメージを投影し、同時にそれを反射鏡のようにして自らを作り変えていってしまう性向を持っていると、あらためて自覚しなければならないのかもしれない。

先ほどから何度も俎上《そじょう》に載せているデネットは、あくまでも「適応」の結果、私たちは現在の脳に重きを置く思考のスタイルへと到ったに過ぎないと語る。再び新たな環境の変化があれば、私たちは進化でも退化でもなくそれに「適応」し、バクテリア的な世界の了解の仕方へと返っていくのかもしれないとさえ言う。

あるいは私たちはポスト知的《インテリジェント》デザインの時代において、ほとんどの認知的持ち上げ《リフティング》を自分自身で行う〔ディープラーニングマシンのような〕人工物たちの手を借りて創り出された環境の中で、繁栄を続けていくのかもしれない。

（同前）

バクテリアもＡＩも、そして人間も、世界を認識する方法という意味においては、上位も下位もないと考えるデネット。彼が示す未来のビジョンの中には、ＡＩが創り出す社会への「適応」を図る人類の姿もある。しかし、それは、脳による設計だけでは「適応」できない社会であり、「理解力なき有能性」が鍵を握るはずだというわけだ。

AIがもたらす真の「多様性」「寛容性」とは？

さて、四者に共通し、その言説から見えてくるのは、ＡＩという新たな存在が内包する新たなリアリティ、人間対ＡＩという二元論的な図式をずらし越えていく、機械独自の「感受性」「関係性」「反応の作法」の登場だ。そして最後に登場するケリーは、その独自のありように「テクニウム」なる概念を提示する。それは、「自己強化する創造システム」だと語り、テクノロジーは命の延長だとも言う。

こうしたある意味、機械に無防備に人格を付与するかのごとき無邪気さの危険性も重々承知、自覚した上で「自己強化」という、ＡＩ自らが作動する仕組み、その論理の独自性に多大な期待を寄せるのだ。ヒッピー文化まで肌で経験したケリーならではの感受性とも言えるが、その想像力は人間の五感の拡張へも及び、私たちは本当に異質なものに出合うことに応じて変化できるだけの感受性、多様性を持ち得るのか？ と問いかける。

ここに到って、他者を理解するための「多様性」「寛容性」など、二一世紀に入って以前にも増して議論されることになった開かれた概念について、あらためて捉えなおす作業が必要なように思われる。それは、情報処理を得意とする脳による社会を運営するための技法として、必要な知識としての多様性、寛容性ではない。そうではなく、身体性まで含めた適応の歴史の中に、それによって培われてきた文化の中にある記憶としての「多様性」「寛容性」だ。

そしてケリーはさらに言う。テクノロジーとの関係の持ち方でその感受性の形も変わる人間という存在は、ＡＩの誕生によっていよいよ自らの内に眠る感性を、倫理観を、思考の形を揺さぶられ、最後には「何者になりたいのか？」人類究極の問いを突きつけるのだ、と。機能的な意味で平準化された機械には持ちえない論理、経済的な合理性で効率的な正解を出すことはお得意のＡＩの仕組み。そこからこぼれ落ちる、人間という種だからこそ持ち得る真の豊かさとは何か？ と。

他者性と対話する感性の時代へ

「テクニウム」に多様で放逸な生命の流れのような力を見るケリーの感受性は、伝え方を間違え、その言葉のみが独り歩きすると、単なる「神秘主義」と受けとめられかねない。その危険性についてはあらためて強調しておきたい。ケリー本人も十分自覚的だ。しかし、この世界を捉えるための一つの装置のような概念、一つの視座を与えるフィクションと考えると、そこに可能性が生まれるように思う。

ケリーが「二度目の産業革命」と呼ぶ、ＡＩの社会への浸透は、人々の感性にも当然大きな影響を与える。そうした未来への潮流をイメージしながら、同時に今、消えゆくアジアの伝統に関する本を編んでいるところにも注目したい。四〇年間アジア各地を旅し、その過程で様々な異質なもの、考え方と出合うことを楽しみ、糧としてきたというケリーは、今なおその感性発見の旅をやめない。ＡＩと出合うときの異質さを楽しむための予行演習のように。ここにもヒントがある。

「未来はいつも懐かしい」。様々な形でリフレインされるセリフだが、そこに自己強化、自己組織化するテクノロジーのありようを重ねると、様々な二元論を越える感性が刺激されないだろうか？　ガタン、ゴトンと音を立て、頑張っていると自己主張するかのごとき、かつてのアナログ的な機械が、それを知らない新たな世代によって新鮮に「発見」され、新たな意味を付与されてハイブリッド化するように。デジタルな「近代化」で効率性、時間の短縮、数量の処理ばかりを目指してきた機械が、そうした目標ばかりを優先せずに作動し始めるとき。「アジア的混沌」を取り込むようなアナログ感で、人の歩みに寄り添おうとするとき。紋切り型で西洋、アジアと言う気はないが、地域、場によって生まれている文化の中で作動するＡＩは、その場にある時間感覚をどう取り込んでいくかが、そこに表現されることになる。

たとえばＩＴの浸透で、いつの間にかインターネットは、様々な人々がつながり、まるで自己増殖していく情報の海となった。その次にやって来るＡＩは、その海に、様々な波を起こす。そうして、今まで分けられていた境界線が波でかき消され、再び違う海岸線が見えるようなことが、いつの間にか進行しているのかもしれない。あちこちに様々な情報の波が、自己組織化されていく状況が生まれることだろう。そのとき、常に心を開放し、様々な他者の感受性の可能性に気づくこと。もちろん、その波に飲み込まれないような注意が必要なのは言うまでもない。

AIが生命的な衝動を持つとき

ＡＩのリアル。

それは、光を放つ最新式のガジェットなどではなく、テクノロジーの中を流れる情報のように無形の力の性質の持つ存在を感知することを意味する。テクノロジーのフィールドに絵画、文学、写真、音楽、芸術など、様々な創造的なパフォーマンスを取り込みながら発想していくことであり、同時にそこに生成する力を認めることなのだ。

テクニウムはただのピカピカのハードウェアの範疇《はんちゅう》を超え、ありとあらゆる種類の文化、アート、社会組織、知的創造のすべてを含む言葉だ。それには手に触れることのできない、ソフトウェアや法律、哲学的概念なども含む。そして最も重要なことは、われわれが発明をし、より多くの道具を生み出し、それがもっと多くのテクノロジーの発明や自己を増強する結びつきを生み出すという、生成的な衝動を含んでいるということだ。

（ケヴィン・ケリー『テクニウム――テクノロジーはどこへ向かうのか？』）

デカルトの二元論を越える自己生成の力、そこに人間と機械が相互作用を及ぼし合う状況を見るとともに、生成変化する独自のありようへの感受性が大事になる。繰り返すが、安易な擬人化によって自らの主体性を放棄するのとは異なる、むしろ真逆のあり方と言えるのかもしれない。人間でもない機械でもない第三のリアルへの感受性を養うことと、ＡＩを過大評価し、いつの間にか機械の論理に迎合すること。この違いをしっかり峻別《しゅんべつ》しながら進むことが大事になるのだろう。

こうした第三のリアルを知ることで、私たち自身も近代に定義された「人間性」というもの自体も、進化のプロセスの中にあると考えるところにまで到るのかもしれない。そして原始から現代まで、狩猟、農耕、工業などを経て現代までの人類の文明の営みの基底にあったものに想いを馳せれば、野生に、大地に、機械に向き合ってきた私たちの進化の歴史が教えてくれる、忘れてはならない感受性もあるように思う。私たちはいつも手探りで「耕す」ことを行ってきたのであり、その結果、耕されたのが文化なのであり、ＡＩも含めた現代の文明なのである。

「漸進性」――少しずつ、手探りで深まる理解

一見ファンタジーに見えかねない、ＡＩが独自の論理を持つというケリーの言説も、人類存在の本質的意味まで問おうとするこうした文脈において、デネットの視点とも重なり始める。デネットから提示された「漸進性」という概念も、重要な、ＡＩの世界のわかり方のキーワードだからだ。

そこから導き出されるのは、生物の進化の歴史の果てにある私たち自身の身体全体に宿るもの、眠る感受性に気づくことであり、そしてそれは、周囲の生きとし生けるものたちの本能、感受性、多様な世界の解釈の仕方に対して鋭敏になることである。

そもそも私たち人間が生を受け、この世に生まれ落ちたとき、この世界の様々な不思議を獲得していくのは、無数の試行錯誤なのである。目の前の遊具ひとつをどうやったらつかめるのか？　否その前に、その存在をどう感知し、どうすれば手を動かすということができるのか？　様々な形をした柔らかいもの、固いものをどうつかむのか……？　すべては「ブラック・ボックス」の中でのまさに暗中模索、試行錯誤の繰り返し、その積み重ねからこの世界の仕組み、自分がいる空間の力学を、重力の不思議を感じ取り、その中で肉体を稼働させる、意識を働かせるということを徐々に学んでいくのである。これこそが

「漸進性」だ。少しずつ少しずつ、徐々に徐々に……。「手探り」で進むことで、深まっていく理解の形。それは脳が得意とする論理的なフローチャートのようなものではなく、脳を含めた身体全体による体感、成功と失敗のフィードバック、積み重ねから生まれていく理解なのだ。

ＡＩがもたらす「パラドックスの時代」に必要な思考法を考える本書も、またこうした「漸進性」において「体感」されることを望みたい。「逆立ち」した視界の意義は、直線的に理解されるものではなく、螺旋階段をのぼるように、ぐるぐると回りながら、繰り返される視界の中で体感され、理解が深まっていくものであるように。

あとがきにかえて——再び「常識」か？　「呪縛」か？　既に始まっているＡＩ以後

突然だが、猫と話すことはできるのか？

こんなことを冗談にも言いだすと、猫には人間と同じ気持ちがあるという人と、動物にそんな高度な意識なんかないという人に往々にして分かれ、話は笑いのうちに終わる。しかし、そこには、もうひとつ選択肢があるということが忘れられがちなのではないだろうか？

猫だからこその意識がある、という考え方だ。言ってしまえば、当たり前のことと思われるかもしれない。だが往々にして、人間という生き物は自分自身の心の感じ方を、相手が猫であっても、いつの間にか当てはめようとしてしまうものなのだ。もちろん人の言葉がわかり、人間とコミュニケーションできるとしか思えない猫もいることだろう。だが、だからこそそこで、単純な擬人化ではない、野性の他者性の存在をしっかりと認識することが大切になるのだと思う。

猫に対してもこうなのだから、人間に対してならなおさらだ。自分の心の形そのままを他者に求め、勝手に「共感」したり、勝手に「反発」したりしてしまう。だが、一人として同じ人間はいない。一人として、自分とまったく同じ心の形の人はいないのだ。その意味では自分以外の生きとし生けるもの、すべてが他者であり、人と人が出会えばすべては異文化コミュニケーションなのである。その意味で生まれて今日に至るまで、私たちはそれぞれ、膨大な他者のリアリティと多種多様な関係性を築いてきたはずなのだ。こうした感覚をあらためて取り戻し、自覚すべきことを、日常の様々な場面の中で痛感する。

電車に乗れば、皆一様にスマートフォンの画面に向かう。周囲の人々への関心をまったく示すことなく、皆ディスプレイに釘付けとなる。もはや日常的な光景だ。そして、人々はいつの間にか、たまたま今同じ車両に乗り合わせた目の前の、実は物理的には関係性を持っているはずの存在はどうでもよくなり、さらに、現在の「人間関係」すらもおろそかとなり、皆それぞれ、ディスプレイの中に示される「仲間」のネットワークへと埋没する。それが確かなものかどうかは別として。誇張でもなんでもなくこれが都会では平均的な風景になりつつある。今さらのように大仰に嘆いてみせずとも、日常的に、今ここにある人への注意を払うのではなく、「仲間」への注視を優先するのは、デジタル社会では極めてよく起こりうる風景である。

しかしここでも、既にして不思議な「逆転」が起きているのではないだろうか？　ＩＴ、ＡＩ化と呼ばれるテクノロジーの浸透は、社会の慣習を変え、人々の意識をいつの間にか「転倒」させていく。終章の冒頭でも「常識」か？「呪縛か」？と少々大げさに問うたが、ものの三〇年ほどの間に、社会の「磁場」はいつの間にか変わり、多くの人々はそれに「適応」することで生きのびていくのである。

その意味で、「ＡＩ以後」は、ある朝劇的に変化している光景ではない。いつの間にか、変わっているのだ、あなたが気づかないだけで。その変化の連続性に私たちは、日々目をこらして見逃さないようにせねばならない。それは、ささやかな生活の一場面にあり、また思いもよらぬ身近な場で出合う存在の抱える「他者性」に気づくことでもある。そしてそれは、あなた自身の心の奥底に眠る「他者性」の発見であり、「他者」との対話を要請しているのだ。

感性の微分こそが多様性との対話を可能にし、その積分が社会を作る。

もう始まっている「ＡＩ以後」は、パラドックスを楽しめる人には開かれている。

最後に本書の成立に関わってくれた皆さんに感謝の意を表したい。

まずは小寺寛志ディレクター。番組取材、制作に際して、「AＩ時代の新たなリアリティを語る」というコンセプトに応えて、四人の知性をセレクトしインタビュー、実現に向けて動き、さらに編集においても議論しながら一緒に頭を悩ませてくれた日々があってこそ、番組も形となり、本書もひとまずの形となった。その尽力に感謝する。さらに実際の交渉、通訳などはコーディネーターの番地章さん、また番組制作時、科学技術社会論を専門とする江間有沙さんに客観的な立場からご助言をいただいた。あらためてこの場を借りて御礼申し上げたい。

「人間ってナンだ？　超AＩ入門」にご出演、監修でお世話になった松尾豊東大大学院教授にもあらためて感謝の意を表したい。実際この三年ほどこのシリーズで、様々な議論の場に臨み編集に立ち合いながら、私自身思考を深めさせていただく豊かなときを過ごさせていただいた。殊にゲストにお招きした哲学者・小林康夫さん、解剖学者・養老孟司さん、比較解剖学者・遠藤秀紀さんらとの丁々発止《ちょうちょうはっし》の議論には大いに知的好奇心を喚起され、まさに頭だけではなく身体が揺さぶられるような感覚を記憶にとどめている。その意味では、それらの回を担当してくれた、谷本庄平ディレクター、高橋才也プロデューサーらにも、そして共に「制作統括」を務めてくれた、NHKコンテンツ開発センター稲毛重行、藤田英世の二人にも感謝する。最後に、本書の企画化を提案してくれた、NHK出版・田中遼さん。『AI以後』という大胆な書名を提案し、きめ細やかな助言で本書を完成へと導いてくれた。

様々な人との出会い、関係性の中に「他者性」の発見の機会はあり、「異能」たちとの対話も終らない。その感覚を人に留めず、野性にも機械にも拡張するセンスが、「AI以後」も鍵になるのだとすれば、この連続性の中で、思考と想像力の対話の旅を続けさせてもらっていることに感謝し、またこの書が多くのみなさんとの対話のきっかけとなることを願う。

二〇一九年九月

丸山俊一

語り手たちの主な著書

・マックス・テグマーク『数学的な宇宙——究極の実在の姿を求めて』（谷本真幸訳、講談社）

・ウェンデル・ウォラック／コリン・アレン『ロボットに倫理を教える　モラル・マシーン』（岡本慎平／久木田水生訳、名古屋大学出版会）

・ダニエル・C・デネット『心はどこにあるのか？』（土屋俊訳、ちくま学芸文庫）
・ダニエル・C・デネット『心の進化を解明する　バクテリアからバッハへ』（木島泰三訳、青土社）

・ケヴィン・ケリー『〈インターネット〉の次に来るもの——未来を決める12の法則』（服部桂訳、NHK出版）
・ケヴィン・ケリー『テクニウム——テクノロジーはどこへ向かうのか?』（服部桂訳、みすず書房）

番組記録

NHKEテレ

「人間ってナンだ? 超AI入門　特別編

　世界の知性が語るパラダイム転換」

2019年

6月26日（水）	第一夜「脳と宇宙がつながる時　宇宙物理学者マックス・テグマーク」
7月 3日（水）	第二夜「ロボットが正義を決める時　倫理学者ウェンデル・ウォラック」
17日（水）	第三夜「AIが人間をあざむく時　哲学者ダニエル・デネット」
24日（水）	第四夜「機械が創造する時　編集者ケヴィン・ケリー」
31日（水）	最終夜「今そこにある未来」

ナレーション	松村正代アナウンサー
声の出演	堀川仁
	若林正
資料提供	江間有沙
	谷本真幸
撮影	若林賢二
映像技術	新井順一／篠原卓人／中野雅俊
音響効果	水戸部謙介
コーディネーター	番地章
編集	武藤桃子／佐々木拓馬／横山陽大
取材	及川愛海
ディレクター	小寺寛志
制作統括	藤田英世／丸山俊一
制作協力	ケイアイエヌ
制作	NHKエンタープライズ
制作・著作	NHK

校閲　円水社
DTP　角谷　剛

丸山俊一 まるやま・しゅんいち
1962年生まれ。慶應義塾大学経済学部卒業後、NHK入局。
「欲望の資本主義」「欲望の時代の哲学」
「人間ってナンだ？ 超AI入門」他、
時代を独自の視点で斬る異色の教養番組を企画、制作し続ける。
現在NHKエンタープライズ番組開発エグゼクティブ・プロデューサー。
著書『14歳からの資本主義』
『マルクス・ガブリエル 欲望の時代を哲学する』ほか。
東京藝術大学客員教授、早稲田大学非常勤講師を兼務。

NHK出版新書 603

AI以後
変貌するテクノロジーの危機と希望

2019年10月10日 第1刷発行
2021年 7 月10日 第2刷発行

編著者 丸山俊一
NHK取材班

発行者 土井成紀

発行所 NHK出版
〒150-8081 東京都渋谷区宇田川町41-1
電話 (0570) 009-321 (編集) (0570) 000-321(注文)
http://www.nhk-book.co.jp (ホームページ)
振替 00110-1-49701

ブックデザイン albireo

印刷 壮光舎印刷・近代美術

製本 二葉製本

Printed in Japan ISBN978-4-14-088603-8 C0236

NHK出版新書好評既刊

試験に出る哲学
「センター試験」で西洋思想に入門する

斎藤哲也

ソクラテスから現代思想まで、センター倫理20問を解き、解説とイラストを楽しむうちに基本がサラリと身につく。学び直しに最適の1冊！

563

薩摩の密偵 桐野利秋
「人斬り半次郎」の真実

桐野作人

幕府と雄藩の間で繰り広げられた情報戦とは？ 西南戦争開戦の本当の理由とは？ 激動の時代に暗躍した謎に満ちた男の実像に迫る、初の本格評伝。

564

サバイバル英会話
「話せるアタマ」を最速でつくる

関 正生

今まで誰も教えてくれなかった「スモールトーク」の具体的な作法と万能のテクニックを1冊に凝縮！ 大人気カリスマ講師による新書・第3弾。

565

ルポ 中年フリーター
「働けない働き盛り」の貧困

小林美希

この国で増加の一途を辿る中年フリーター。なぜ彼らは好景気にも見放されてしまったのか？ 当事者取材から「見えざる貧困」の実態を描く。

566

すべての医療は「不確実」である

康永秀生

がん治療をはじめ医療をめぐる情報は氾濫するばかり。惑わされないために、医療統計のプロが〝科学的根拠〟を手掛かりに秘訣を伝授する！

567

習近平と米中衝突
「中華帝国」2021年の野望

近藤大介

貿易戦争から技術覇権、南シナ海まで。激しく対立する米中関係の行方を長期取材で読み解く！「アジア新皇帝」習近平の世界戦略に鋭く迫る一冊。

568

NHK出版新書好評既刊

NHK出版新書好評既刊

世界史を「移民」で読み解く
玉木俊明
文明の興亡、産業革命と列強の覇権争い、ヨーロッパ難民危機……。「人の流れ」はいかに歴史を変えたのか!? 経済史研究の俊英が明快に説く!
575

学校では教えてくれない!
英文法の新常識
鈴木希明
「学校英文法」の世界は、時代と共に大きく変化している! 多くの人が高校時代に習った古い情報と比べながら読み解く、目からウロコの現代英文法。
576

さまよう遺骨
日本の「弔い」が消えていく
NHK取材班
遺骨・墓問題に翻弄される人々の声を広範かつ丹念にすくい上げたNHK取材班が、「無縁化」する社会における弔いの最近事情をリポートする。
578

なぜ大谷翔平はメジャーを沸かせるのか
ロバート・ホワイティング
大谷が花開いたのは先達の苦闘があったからだ。愛憎のエピソードを軽妙に描きながら「大谷現象」とその背景を解き明かす、唯一無比の野球論!
579

自閉症という知性
池上英子
「普通」って何だ? 世界の「見え方・感じ方」が異なる自閉症当事者たちを訪ね、「症状」という視点からは理解できない、驚くべき知性を明らかにする。
580

おとなの教養2
私たちはいま、どこにいるのか?
池上 彰
AIからキャッシュレス社会、日本国憲法まで。歴史や経済、政治学の教養をベースに、わかりやすい解説で問題のみなもとにまで迫る第2弾!
581

NHK出版新書好評既刊

幸福な監視国家・中国
梶谷懐　高口康太

習近平政権のテクノロジーによる統治が始まった。なぜ大都市に次々と「お行儀のいい社会」が誕生しているのか!? その深層に徹底的に迫る一冊！

595

8050問題の深層
「限界家族」をどう救うか
川北稔

若者や中高年のひきこもりを長年研究してきた社会学者が、知られざる8050問題の実相を明らかにし、従来の支援の枠を超えた提言を行う。

596

革命と戦争のクラシック音楽史
片山杜秀

優美で軽やかなモーツァルトも軍歌を作っていた？「第九」を作ったのはナポレオン？ 世界史と音楽史が自在に交差する白熱講義！

597

誰も知らないレオナルド・ダ・ヴィンチ
斎藤泰弘

芸術家であり、科学者でもあった「世紀の偉人」がなりたかったのは、「水」の研究者だった？ 自筆ノートから見えてくる「天才画家」の正体とは――。

598

日本語と論理
哲学者、その謎に挑む
飯田隆

「多くのこども」と「こどもの多く」はどう違う？「こどもが三人分いる」が正しい場合とは？ 日本語のビミョウな論理に迫る「ことばの哲学」入門！

600

世襲の日本史
「階級社会」はいかに生まれたか
本郷和人

日本史を動かしてきたのは「世襲」であり、「地位より家」の大原則だった。摂関政治から明治維新までの流れを読み解き、日本社会の構造に迫る！

601

NHK出版新書好評既刊